50 ÍCONES QUE INSPIRARAM A MODA 1980

DESIGN
MUSEUM

50 ÍCONES QUE INSPIRARAM A MODA 1980

PAULA REED

PUBLIFOLHA

OS ANOS 1980

Não há dúvida de que Diana, princesa de Gales, foi um dos grandes ícones de estilo da década de 1980. Ela se transformou aos poucos de estereótipo dos Sloane Rangers em referência de moda sofisticada.

Acima: garotas do ska em Coventry, no Reino Unido, em 1980. O som e o estilo do ska tiveram seu terceiro revival por volta dessa época. *Abaixo:* O fenômeno das supermodelos, agora onipresentes, começou no final de 1980.

OS ANOS 1980

O ano era 1981: na Grã-Bretanha, acontecia o casamento de lady Diana Spencer com Charles, príncipe de Gales; nos Estados Unidos, Ronald e Nancy Reagan chegavam à Casa Branca — esses eventos impulsionaram a moda em direção ao luxo e ao romantismo. Foi a década do *power dressing**, mas foi também a década da subversão. A ambição suprema no ambiente corporativo se contrapunha à energia desenfreada que corria pelas ruas.

Em termos de moda, se a década de 1960 pertenceu a Londres e a de 1970 a Nova York, Paris parecia determinada em reivindicar para si os anos 1980. A cidade era um território livre para a criatividade. As passarelas refletiam a exuberância de uma época em que tudo era perfeitamente possível, sem freios para a imaginação. A chegada dos japoneses, por sua vez, revelou uma alternativa mais cerebral ao glamour francês, à sensualidade italiana e à subversão britânica.

Os desfiles passaram a acontecer em grandes pavilhões em vez de salões e já não eram reservados apenas aos especialistas da indústria. Tornaram-se, sim, eventos em que aficionados pelo mundo fashion e outros oportunistas disputam um lugar na plateia. O Dé d'Or ("dedal de ouro"), espécie de "Oscar da moda francês", passou a ser transmitido do Palais Garnier. A nova geração de estilistas equiparou-se em importância aos costureiros à moda antiga.

O lado desagradável desse novo sucesso foi a necessidade de os estilistas aprenderem a agir como empresários. Entre a criatividade e a farra, havia fortunas para gerenciar. O mundo fashion perdeu o ar despreocupado e tornou-se cada vez mais comercial. A moda tinha se tornado um grande negócio.

Alguns dos nomes mais famosos da moda britânica da década de 1980 estiveram reunidos para promover o Fashion Aid, como David e Elizabeth Emanuel, Scott Crolla, Jerry Hall, Katharine Hamnett, Bruce Oldfield e Jasper Conran. A imagem captura um pouco do ecletismo e da impetuosidade da década.

Alguns dos nomes mais famosos da moda britânica da década de 1980 reunidos para promover o Fashion Aid, como David e Elizabeth Emanuel, Scott Crolla, Jerry Hall, Katharine Hamnett, Bruce Oldfield e Jasper Conran. A imagem captura um pouco do ecletismo e da impetuosidade da década.

* Estilo de vestuário desenvolvido nos anos 1980, ligado à conquista de espaço e poder pelas mulheres no meio corporativo.

DALLAS E *DINASTIA*

Exuberância para as massas

1980

Entre as atrações televisivas dos anos 1980, as novelas norte-americanas *Dallas* e *Dinastia* eram as mais imperdíveis. Ao longo da década, a guerra pela melhor classificação no ranking de audiência atraiu um público de mais de 250 milhões de espectadores em todo o mundo, ávidos pelos diálogos ácidos ("pegue sua loira ordinária e saia da minha casa!" — fala da personagem Alexis Colby) e pelas brigas impagáveis do elenco feminino (Alexis *versus* Krystle em *Dinastia*, e Sue Ellen *versus* Pamela Ewing em *Dallas*), mas, principalmente, para ver as roupas e os penteados.

Embora Sue Ellen Ewing administrasse sua própria marca de roupas em *Dallas*, *Dinastia* tinha uma vantagem inquestionável quanto à moda. O figurinista Nolan Miller recebia um mar de cartas e telefonemas perguntando sobre os figurinos das estrelas dessa novela. Os ombros largos de Linda Evans e a visão de estilista de Nolan Miller resultaram na modelagem do *power suit*, o paletó com cintura afunilada que foi sucesso na década de 1980. Enfeites como rendas, brocados, peles e joias deixavam a silhueta angulosa com ombreiras ainda mais elaborada.

Com relação ao uso de acessórios, as mulheres de *Dinastia* não deixavam por menos. Joias poderosas eram usadas dia e noite, sem parcimônia, pelas estrelas femininas da série e infestaram a moda além das câmeras. Brincos dourados enormes, com vários centímetros de diâmetro, chamavam a atenção para o rosto, sempre emoldurado por ombreiras, sob madeixas de cabelo armadas com bastante laquê. As roupas de noite eram o forte de Miller. Vestidos-coluna, longos e retos, com detalhes intrincados, faziam referência ao tipo das personagens: Krystle normalmente usava uma paleta discreta de branco, creme e bege; Alexis, por sua vez, preferia vermelho e preto.

Uma coleção inspirada em *Dinastia* desenhada por Miller foi lançada na Bloomingdale's de Nova York em 1984, com a presença de 20 mil consumidores ávidos, o que forçou a gerência a fechar temporariamente as portas. Miller atribuiu o sucesso da linha ao potencial inspirador inegável das personagens: "Acho que nenhum outro programa se concentrou tanto no visual".

Dallas (abaixo) e *Dinastia* (à direita) foram criadas em uma época em que o suprassumo era ser rico, vestido com ombreiras dignas de um jogador de futebol americano e abençoado com uma cabeleira que pudesse ser armada até as alturas, desafiando as leis da gravidade.

DONNA KARAN

Moda para valorizar as mulheres

1980

O conceito de moda de Donna Karan (1948-) foi construído em torno da ideia do guarda-roupa de um homem — partes de cima e de baixo, em vez de conjuntos completos. As mulheres se apaixonaram pelos clássicos da estilista: vestidos fluidos, saia--envelope, calças de corte despojado, jaqueta sequinha e, é claro, o body — uma blusa justa, presa na virilha, como um collant, que nunca ficava amassada ou para fora da calça. Essa peça tornou-se, talvez, a mais copiada da década.

A abordagem descomplicada de Karan estabeleceu-a no panteão da moda composto por Alaïa, Zoran e Claire McCardell. Ela oferecia roupas sensuais e fáceis de vestir — que podiam "viajar, intercambiar-se e impressionar". Junto de joias esculturais, desenhadas por Robert Lee Morris da Artwear, algumas poucas peças de Donna Karan eram capazes de levar a cliente do trabalho à festa — e aqui nasceu o conceito da roupa que poderia ser usada tanto de dia quanto à noite.

Suas peças deixavam o corpo mais esbelto e bonito. As saias drapeadas escondiam a barriguinha saliente, enquanto os vestidos de ombro largo faziam as mulheres parecerem mais altas. As meias-calças produzidas por Karan eram outro êxito. Fortalecidas com Lycra®, foram um enorme avanço e davam a impressão de pernas mais longas e finas, o que outros fabricantes de meias correram para copiar. Em 1989, Karan lançou mais um sucesso com a linha DKNY, que se tornou um negócio de US$ 100 milhões já no primeiro ano.

"Eu crio a partir dos meus anseios", disse Karan, descrevendo sua abordagem intuitiva. "Antes de cada temporada, abro meu armário e vejo o que está faltando. Então projeto o que quero usar".

Donna Karan (junto do estilista Louis Dell'Olio), em 1980. A consumidora de Donna Karan podia pagar pelas roupas de Bill Blass ou Oscar de la Renta, mas essa geração empoderada, nascida no pós-guerra, preferia uma estilista com perspectivas semelhantes.

GRACE JONES E JEAN-PAUL GOUDE

Criadores de imagem

1980

No início dos anos 1970, ao lado de Jerry Hall, Iman e Pat Cleveland, Grace Jones (1948-) reinou sobre o circuito glamoroso dos clubes de Nova York e das passarelas de Paris. Com feições impressionantes (as maçãs do rosto pareciam cortantes e eram carinhosamente conhecidas no meio como "Jones Bones") e corpo atlético, ela rapidamente se tornou a modelo negra mais requisitada da moda. Jones começou a cantar em 1977, assinando em seguida um contrato com a Island Records, na qual, inicialmente, sua contribuição à música pop não foi além de algumas faixas dançantes, tocadas principalmente em discotecas gays. Mas então ela conheceu o diretor de arte Jean-Paul Goude (1940-).

Juntos, Goude e Jones fizeram centenas de retratos, brincando com a altura e a sexualidade da modelo em uma série de imagens coloridas e subversivas que geralmente contavam com técnicas de montagem ou truques. O resultado foi a reinvenção de Grace como "a primeira artista negra da new wave". Eles enfatizaram seus atributos já surpreendentes: paletós Armani masculinos para o ombro largo, um jeito robótico de dançar e a ênfase na voz rouca. Um dos detalhes mais surpreendentes da Grace reinventada era o suntuoso corte de cabelo (esboçado na prancheta de desenho de Goude), capaz de atrair olhares pela singularidade geométrica.

Grace Jones com um vestido "construtivista" de grávida, concebido em colaboração com o ilustrador de moda Antonio Lopez. Juntos, Jones, Goude e Lopez criaram uma das personalidades pop mais poderosas da década.

BOLSA DE NÁILON PRETA DA PRADA

A primeira "it bag"

1980

A Prada iniciou suas atividades como Fratelli Prada, uma loja na famosa Galleria Vittorio Emanuele em Milão que vendia artigos de couro italiano e baús ingleses importados. Miuccia Prada (1949-), com doutorado em ciência política e apaixonada pela questão dos direitos das mulheres, era uma escolha improvável para comandar a loja. No entanto, em 1978, os negócios da família passaram de sua mãe para ela.

Como sócio, o marido, Patrizio Bertelli, que cuidava dos negócios enquanto ela se lançava para reinventar a linha de produtos. Eles tinham habilidades diferentes e complementares. Mas tanto Miuccia como Patrizio estavam de acordo sobre um ponto importante: promover a Prada usando sua *falta* de prestígio, capitalizando o "anti-status" e o "contrário do esnobismo". O momento era perfeito, pois a moda começava a se cansar do consumismo esbanjador, em consonância com o *zeitgeist*. Juntos, eles transformariam a empresa familiar em uma potência mundial da moda.

Para um fabricante de malas, fazia sentido desenvolver inicialmente uma série de acessórios. Desde as primeiras versões lançadas no início da década, essas bolsas chiques, discretas e, antes de tudo, práticas viraram um hit entre os fashionistas: modelos e fotógrafos que transitavam entre Milão, Paris, Londres e Nova York. Eram feitas com náilon preto bem utilitário: primeiro, o material pesado que seu avô usava no forro das malas e, mais tarde, uma sarja de náilon mais prática, desenvolvida especialmente para a bolsa.

Levaria apenas quatro anos para a Prada ter munição suficiente para lançar sua coleção *prêt-à-porter*, com roupas que refletiam o mesmo talento para essa discrição clássica presente nos acessórios.

O poder da discrição na década do excesso — a bolsa de náilon preta da Prada.

PRADA

RALPH LAUREN
Um mundo de luxo

1980

Antes uma figura escondida por trás da etiqueta, "o estilista" surgiu na década de 1980, apresentando vídeos, fazendo aparições nas lojas, presente nas principais festas de gala beneficentes e, é claro, estrelando suas próprias campanhas publicitárias. Um dos primeiros dessa nova geração foi Ralph Lauren (nascido Ralph Lifshitz, em 1939). Em 1981, um anúncio de sete páginas na *Vogue* britânica apresentava a loja da marca Polo na Bond Street, em Londres, com uma foto de página inteira do próprio estilista bilionário, vestindo o jeans e o cinto de caubói que viraram sua marca registrada.

Isso não significa que a abordagem de Lauren se baseava em vaidade; era, sim, mais uma crença de que a moda moderna estava relacionada a pertencer a um grupo ou a um estilo de vida no qual cada um se sentisse bem, parecesse bem e que, acima de tudo, estivesse ao próprio alcance. Assim como o sonho americano, a moda deveria parecer disponível a todos, independentemente da realidade econômica em que vivessem. Ele também estava convicto do apelo comercial do estilo norte-americano: "O gosto norte-americano tornou-se uma referência internacional muito importante" [...] "Criamos a roupa esportiva. Nossa cultura é mais moderna por causa da maneira como vivemos. Viajamos, somos atléticos, nos mexemos".

Em 1986, Ralph Lauren abriu sua loja conceito em Nova York na elegante Mansão Rhinelander, na Madison Avenue, criando a mais suntuosa *mise-en-scène* do varejo. Com canções de Cole Porter como trilha sonora, era fácil se deixar levar — como fizeram milhões de norte-americanos e turistas, marchando para casa com sacolas da Polo abarrotadas de compras.

Ralph Lauren com a modelo de provas Lynn Yeager, em seu estúdio na 7th Avenue, em Manhattan, 1980. As roupas de Lauren sintetizaram o sonho norte-americano — ambicioso e acessível.

O RETORNO A BRIDESHEAD

Refinamento para a telinha

1981

Entre os programas da televisão inglesa imperdíveis da década, havia uma série de onze episódios, tremendamente bem produzida, que custou a bagatela de £11 milhões. Foi notícia em todas as revistas de moda e, quanto ao universo televisivo, manteve-se imbatível em termos de audiência e influência na moda até 2010, com a chegada de *Downton Abbey*. *O retorno a Brideshead*, adaptação épica do romance de 1945 de Evelyn Waugh [*Memórias de Brideshead*] sobre o declínio de uma família aristocrática inglesa nas décadas de 1920 e 1930, contava, entre outros, com Jeremy Irons no papel de Charles Ryder e sir Laurence Olivier como Lord Marchmain. A série também destacava a cidade de Oxford e o castelo de Howard como Brideshead, a sede da família Marchmain.

Os figurinos eram tão bem-feitos quanto o roteiro, retratando as nuances de uma época socialmente estratificada. A figurinista Jane Robinson foi hábil em reproduzir a destreza social de Flyte e o embaraço de Ryder, escolhendo ternos impecáveis sob medida para um e jaquetas e calças bem menos elegantes para o outro. O guarda-roupa de Ryder, naturalmente, evoluiu à medida que ele absorvia parte do estilo refinado de seu amigo aristocrático e, ao chegarem em Veneza, no segundo episódio, ele já vestia ternos claros de linho e amarrava lenços de seda no pescoço com facilidade impressionante. O guarda-roupa de Diana Quick inspirou verões com mulheres usando cintura marcada, chapéu cloche e xales orientais com franjas em todos os locais onde a série era transmitida.

Waugh estava ciente do impacto visual de sua obra: "Estou escrevendo um livro muito bonito, de causar lágrimas, sobre pessoas muito ricas e belas que vivem em palácios e não têm problemas, exceto o que fazer de sua vida...".

O visual dos personagens de *Brideshead* desencadeou uma onda de modismos nostálgicos, como vestidos de cintura desabada, xales, suéteres de malha e ternos de linho impecáveis.

NANCY REAGAN

Primeira-dama de vermelho

1981

Em 1981, a revista *Newsweek* publicou uma reportagem com o título "As roupas gratuitas da sra. Reagan", na qual se alegava que Nancy Reagan tinha aceitado uma quantidade indeterminada de vestidos, joias e presentes de estilistas. Em dezembro daquele ano, uma pesquisa realizada pela mesma publicação descobriu que 62% do público americano achava que Nancy Reagan (1921-) dava "ênfase demasiada ao estilo". Se parece injusto a primeira-dama Reagan ter sido criticada pelas mesmas qualidades consideradas admiráveis em Jackie Kennedy, vale lembrar que o país estava em recessão e que um dos pontos centrais do plano econômico de Reagan eram os cortes brutais no orçamento federal.

A "rainha Nancy", como foi apelidada, foi a garota-propaganda dos bailes beneficentes — para ela, a ostentação alimentava o sucesso social. No início da década de 1980, as mulheres árabes, clientes fiéis dos estilistas na década de 1970, tinham ganhado a companhia das norte-americanas em suas viagens de compras. Essas "mulheres que almoçavam" da era Reagan — como Ivana Trump, Nan Kempner, Ann Getty, Pat Buckley e Lynn Wyatt — iam todas de Concorde para os desfiles de alta-costura em Paris, eram conhecidas por nunca repetir roupa e gastavam felizes US$ 100 mil ou mais em uma única viagem com um guarda-roupa de marcas exclusivas.

Vestida com trajes de alta-costura de seus estilistas favoritos, como Oscar de la Renta, Galanos, Adolfo e Bill Blass, Nancy Reagan recebeu um séquito de festeiros e doadores de renome mundial. Seu vestido Galanos branco, de um ombro só e bordado à mão, usado na posse do marido, foi orçado em US$ 10 mil, ao passo que o valor total de seu guarda-roupa anterior a se tornar primeira-dama foi estimado em cerca de US$ 25 mil.

Retrato oficial de 1981. Nancy Reagan gostava de vermelho, que ela dizia ser "a cor que me valoriza" e usou até virar sua marca registrada. De fato, seu guarda-roupa incluía vermelho com tanta frequência que o tom do carro dos bombeiros chegou a ser conhecido como "vermelho Reagan".

OS PIRATAS DE VIVIENNE WESTWOOD

O punk bem-vestido

1981

O início dos anos 1980 marcou uma virada para Vivienne Westwood (1941-), que mudou seu foco da rua para o salão e começou sua campanha para revolucionar a moda. A coleção Pirates [Piratas] de outono-inverno 1981-82 propôs um cenário unissex romântico, habitado por corsários e dândis. Para combinar, ela mudou o nome e a atmosfera da sua loja da Kings Road, transformando seu interior na cabine de um galeão e rebatizando-a de World's End [O fim do mundo].

Após separar-se de Malcolm McLaren em 1983, Westwood começou a construir um estilo com originalidade surpreendente, muitas vezes baseado na releitura contemporânea de roupas tradicionais. Sua coleção Mini-Crini, de primavera-verão 1985, foi uma releitura impertinente da recatada era vitoriana. Jaquetas e camisas corsetadas empurravam o busto para fora (transbordando "como gelatinas de leite", segundo a irreverente estilista), marcavam a cintura e arqueavam as costas e o quadril. A cintura alta e os ombros sem enchimento reintroduziram a arrogância do período da regência. A coleção Harris Tweed, de outono-inverno 1987-88, resgatou peças-chave do guarda-roupa do século XVII.

Westwood inspirava respeito e admiração em proporções equivalentes. O público se impressionava tanto pela habilidade técnica como pela exuberância criativa. Seu objetivo era nada menos que uma revolução cultural: "É trabalho do artista vingar a violência de uma cultura e dar-lhe vida nova... meu objetivo é fazer os pobres parecerem ricos, e os ricos parecerem pobres". Como de costume, Westwood mantém uma atitude única entre os estilistas de justificar suas ações em termos culturais abrangentes.

A modelo Lizzie Rasgue vestida com peças da Pirates em frente à loja de Westwood, World's End. "Assaltar" o baú de roupas e estilos históricos de moda tornou-se marca registrada da estilista por toda a década e mesmo mais tarde.

IMPRENSA DE ESTILO

As novas bíblias da moda

1981

Houve um tempo em que a moda era para quem podia pagar, e as revistas de moda consistiam em símbolos de riqueza e bom gosto economicamente inacessível. O punk tirou a moda da passarela e levou-a para as ruas, tomando o *status quo* de assalto. Isso gerou uma leva de revistas tão atentas às minúcias e à evolução de cada nova tendência que já não eram mais meras publicações de moda — eram bíblias de estilo.

A revista *Blitz* (publicada entre 1980-91) permitiu que *stylists* como Kim Bowen e Iain R. Webb, presenças regulares e extravagantes no clube homônimo, se expressassem no papel. A revista *The Face*, de Nick Logan (1980-2004), liderava a área com a direção de arte ousada e a tipologia inovadora do designer Neville Brody. A *i-D*, de Terry Jones (1980-), era originalmente um fanzine grampeado que evoluiu para uma revista de estilo com uma proposta radical. Ela apresentava opiniões de jovens "comuns", seus gostos musicais, suas escolhas de moda e seus posicionamentos políticos.

A moda de rua era o eixo de todas essas revistas. A economia em crise e o aumento do desemprego criaram o cenário para uma indústria crescente na mídia e na música. Como forma de autoexpressão, a moda de rua se consolidou nos clubes e nas escolas de arte da Grã-Bretanha. E a imprensa de estilo deu-lhes voz.

A capa de uma das primeiras edições da *The Face* com o trio pop Human League, banda com raízes new romantic. Essa revista fazia parte de uma nova onda de publicações que ajudaram a colocar a moda de rua no centro das atenções.

THE FACE
NUMBER 17 SEPTEMBER 1981 65p
EIRE 91p (inc. VAT)
HUMAN LEAGUE
PHOTO: JILL FURMANOVSKY
IAN DURY
SLY & ROBBIE
CABARET VOLTAIRE
OK JIVE
JAH WOBBLE
VISIONS OF THE VIDEO AGE: Special Report
TATTOOS: The Mark of the Outsider?
STYLE: The Beat Goes On/History of the Zoot Suit

BRUCE WEBER

A moda norte-americana por inteiro

1982

Bruce Weber (1946-) forneceu uma das contribuições mais influentes e controversas para a fotografia de moda; os ensaios que ele fez para a *Vogue* e suas campanhas publicitárias ajudaram a tornar marcas norte-americanas como Ralph Lauren e Calvin Klein gigantes comerciais. Seu estilo próprio definiu-o como um defensor entusiasmado da história da moda genuinamente norte-americana. O tema recorrente, que percorre toda a sua obra, é o estilo de vida saudável e solar representado por quem gosta de lazer ao ar livre e prazeres simples. Weber foi o criador absoluto de fantasia no momento em que a moda tornava-se cada vez mais obcecada em inventar estilos de vida com direção de arte impecável.

Em geral, Weber levava um grupo de amigos e celebridades para um local remoto no mapa e os fotografava ao longo de alguns dias, o que resultava em fotos com a intimidade e a veracidade de um álbum de família. As pessoas fotografadas por Weber nunca pareciam posar. Eram muitas vezes retratadas saltando de um cais de madeira para dentro de um lago reluzente nas montanhas ou envolvidas em atividades saudáveis como lacrosse, futebol ou surfe. Weber buscava menos expor a roupa como mercadoria que projetar uma imagem e personalidade. As roupas eram muitas vezes secundárias nos retratos e geralmente ficavam sujeitas à abordagem informal dos modelos.

Os anúncios de Weber para Calvin Klein foram extremamente influentes na indústria da moda, mas também bastante controversos. Sua obra teve o valor questionado com frequência, ou até deplorado, o que aconteceu bastante na década de 1980 — de forma parecida ao que ocorreu com as fotografias homoeróticas de Robert Mapplethorpe.

O saltador olímpico Tom Hintnaus em um outdoor enorme na Times Square, em Nova York, vestindo nada além de uma cueca. O trabalho de Weber para Calvin Klein, com a celebração (e a comercialização) descarada do corpo masculino, foi uma surpresa bastante inovadora na época.

Calvin Klein Underwear
Portable Component System.
JVC
BROADWAY
ONE WAY

GIORGIO ARMANI

À vontade em italiano

1982

Em 1975, Giorgio Armani (1934-) abriu seu ateliê com um visual radicalmente chique — o terno desestruturado, que diminuía a distinção entre roupa de trabalho e roupa casual, e cujos materiais maleáveis drapeavam e amassavam de maneira graciosa. Depois, em 1980, no filme *Gigolô americano*, Richard Gere parecia estar em um desfile de Armani na tela, o que colocou o estilista no radar fashion de Hollywood e logo fez dele um dos mais vendidos do mundo.

De Wall Street a Hollywood, homens de todos os tipos vestiram um terno Armani. O estilista — que passou uma infância pobre no pós-guerra em Piacenza, começou a carreira como vitrinista na loja de departamentos La Rinascente, em Milão, e conseguiu o dinheiro necessário para começar sua empresa ao vender seu fusca — lançou o mesmo encanto sobre a nova geração de executivas que não se deixavam impressionar pela alta-costura exigente e apertada de Paris. A alfaiataria confortável de Armani fez um sucesso enorme na era feminista.

O ponto mais importante da estratégia de Armani com as celebridades era a entrega do Oscar, a maior oportunidade para fotos do ano. Após inaugurar sua loja em Beverly Hills em 1988, estabeleceu para si mesmo o objetivo de tornar-se o estilista preferido da noite do Oscar — e conseguiu. Em 1991, o *WWD* (*Women's Wear Daily*) chamava o Oscar de "Prêmio Armani": o estilista será para sempre lembrado como o primeiro a liderar a premiação sem nunca ter recebido sequer uma estatueta.

Giorgio Armani com modelos. Para homens e mulheres, o terno Armani virou o item de desejo do *power dressing*. Rosita Missoni disse ao *Women's Wear Daily*: "Armani veste as mulheres com roupas masculinas. Ele é um gênio".

ISSEY MIYAKE

O Oriente cumprimenta o Ocidente

1982

Issey Miyake (1938-) foi um sobrevivente da bomba atômica de Hiroshima. Ele estudou design gráfico na Universidade Tama Art em Tóquio e se mudou para a Europa com o objetivo de estagiar com os estilistas Guy Laroche e Hubert de Givenchy. Seguiu-se um período como braço direito de Geoffrey Beene, em Nova York. Em 1973, Miyake exibiu sua primeira coleção em Paris e, com Kenzo Takada, possibilitou a chegada subsequente de outros estilistas japoneses, como Yamamoto, Matsuda e Kawakubo. O grupo abalou as estruturas da estética vanguardista dos anos 1980.

Enquanto Kenzo trabalhava seguindo a linguagem da moda europeia, Miyake oferecia ao Ocidente um Oriente singular e puro. O estilista manteve uma base em seu país de origem e uma característica japonesa inconfundível em suas roupas, concentrando-se na fluidez e na textura, combinadas com as técnicas profissionais afinadas nos estúdios de Laroche, Givenchy e Beene. Miyake aliava estilos, materiais, cores e habilidades tradicionais do Oriente, como o matelassê sashiko, a técnicas ultramodernas para criar roupas confortáveis e soltas.

Ao longo da década de 1980, Miyake prosseguiu explorando novas formas de vestir o corpo, enquanto a colaboração com os fabricantes de tecidos japoneses possibilitou-lhe criar materiais exclusivos e inovadores. Também nesse período, ele inventou um método que permitia a uma prensa quente fazer pregas permanentes em uma peça depois de cortada e costurada. A técnica provou-se tão popular que levou ao lançamento da marca Pleats Please em 1993.

Foto do desfile *prêt-à-porter* primavera-verão 1982 de Miyake. A paleta de cores frias e as estruturas fluidas e soltas do estilista foram vistas por alguns como um corretivo necessário para os estilos exagerados daquela década.

NEW ROMANTICS

Pop rebuscado sem medo

1982

No início da nova década, o estilo que chamamos hoje de "new romantics" (novos românticos) nasceu no clube Blitz, na região de Covent Garden, em Londres. O estabelecimento fechou em 1981, mas àquela altura já tinha dado origem a toda uma geração de bandas que ajudaram a definir a década de 1980. Entre os "Blitz kids", estavam Steve Strange, Boy George, Stephen Jones, Kim Bowen, Stephen Linard, Fiona Dealey, David Holah, Stevie Stewart, Julia Fodor, Willie Brown, Chris Sullivan, Judith Franklin e Darla Jane Gilroy. Eles fizeram sua primeira aparição em massa na semana de moda alternativa da Saint Martins School of Art, que contou com uma aparição de Boy George na passarela.

Os new romantics mexiam tanto com os códigos de vestimenta que, no começo, as pessoas tinham dificuldade em nomear essa tribo ousada, e denominações como "punks pavão" e "Blitz kids" acabaram descartadas em favor de "new romantics". A era da pilhagem cultural tinha chegado, e, como as roupas de época viraram moda, a Inglaterra foi palco de uma revolução de estilo marcada pela combinação de passado, presente e futuro, mais sexo e gênero, todos mesclados em um grande pot-pourri caleidoscópico. Valia tudo: adereços velhos, novos e emprestados eram usados para criar a nova roupa do imperador pós-moderno.

Quaisquer que fossem os talentos que Steve Strange e (Boy) George O'Dowd tivessem para flertar com a publicidade, eles eram totalmente dependentes do seu batalhão de *trendsetters* de olhos argutos para criar roupas que definissem uma identidade idiossincrática e sempre mutante. A imagem era muito importante, e as estrelas pop logo começaram a se reinventar com mais intensidade, enquanto o som dessa trupe nostálgica não parava de tocar.

Duran Duran, banda britânica new romantic, no início dos anos 1980. A geração Blitz deu um um banho de loja, arrumou o cabelo do punk e tornou o som mais dançante.

GUARDA-ROUPA OSTENTAÇÃO 1983

Moda para brilhar

No alvorecer de uma nova era de riqueza e conservadorismo, floresceu a relação dos novos-ricos com as roupas feitas para ostentar status. As grandes *maisons* de luxo embarcaram em um crescimento ininterrupto que durou até a década seguinte. O preço do *prêt-à-porter* decolou, assim como a quantidade de mulheres que o cobiçavam. A *haute couture* — o ápice da moda de luxo e, tradicionalmente, reservada à burguesia mais velha e rica — atraía uma clientela crescente de mulheres mais jovens, com idade média entre 25 e 35 anos, e quase metade era norte-americana.

Christian Lacroix na Patou, Eric Bergère na Hermès e Karl Lagerfeld na Chanel (p. 80) exerciam apelo especial nesse mercado. Vestidos de festa luxuosos com o mesmo preço de uma casa no subúrbio tornaram-se o emblema de senhoras árabes ricas, esposas troféu e socialites internacionais. A Hermès aproveitou a onda do vestir para se exibir: artigos como twin sets, os famosos lenços de seda e as bolsas Kelly, pelo preço de mil libras, estavam sempre em falta. Ironicamente, poucos anos antes, a grife tinha lutado para conseguir vender uma única bolsa daquela que, então, tornou-se uma das mais icônicas da moda.

As grifes ganharam um poder novo. Marcas tornaram-se símbolos de status cobiçados e foram aplicadas a mercadorias tão variadas quanto equipamentos esportivos, perfumes, malas e óculos de sol. O novo-rico, ao que parece, não queria apenas consumir, mas, sim, *ser visto* consumindo.

Esbanjando riqueza: a modelo Kelly Emberg recostada sobre um carrinho de bagagem em um aeroporto, cercada por pilotos, vestindo Calvin Klein, com uma bolsa Chanel vermelha em matelassê, uma bolsa a tiracolo de couro marrom de Mark Cross e uma bolsa pullman da Lancel.

RAINHAS DAS CAPAS DE REVISTA

1983

Rosto de um milhão de dólares

Em termos de jargão de tabloide, "um rosto que vale milhões de dólares" não soa exatamente como "supermodelo", mas foi assim que, em 1981, a revista *Life* chamou a nova geração de modelos muito bem remuneradas que incluía Lauren Hutton, Iman, Margaux Hemingway, Janice Dickinson e Cheryl Tiegs. Capas de revistas, páginas duplas com roupa de banho na *Sports Illustrated*, contratos de seis dígitos na indústria de cosméticos e o casamento inevitável com um astro do rock: a poderosa combinação de beleza e fama garantia a esse grupo seleto de beldades a capacidade de vender qualquer coisa, de bebidas dietéticas a picapes.

A era das supermodelos podia estar ainda em seus primórdios, mas essas jovens foram pioneiras na terra das grandes quantias. Logo no início da década, Inès de la Fressange tornou-se exclusiva da Chanel, que então já contava com Karl Lagerfeld. Carol Alt, Kim Alexis e Christie Brinkley eram o triunvirato poderoso na imprensa, dominando as capas da *Vogue* e da *Sports Illustrated* ao longo da década.

Gia Carangi (1960-1986) foi, por algum tempo, a modelo de todas as modelos. Favorita de Helmut Newton, ela conseguia expressar a exclusividade arrogante da alta-costura e tinha, ainda assim, também um toque de simplicidade suficiente para torná-la comercialmente bem-sucedida. Sua carreira saiu de controle por causa do vício em heroína. Iman (1955-) é outro ícone da década: um exemplo de como viver com discrição e ainda manter a fama. Nascida na Somália, foi citada como musa de estilistas como Halston, Calvin Klein e Yves Saint Laurent. Era a rainha da passarela, uma modelo de elegância hipnotizante.

O poder e a presença dessas mulheres eram tão intensos que, aos poucos, as modelos começaram a avançar sobre o território fascinante e sedutor que era, antes, reservado tradicionalmente às estrelas de cinema. Seu sucesso transcendeu a passarela e as capas de revistas. Elas construíram carreiras baseadas não tanto em seus talentos individuais, mas no poder da própria imagem.

Janice Dickinson, modelo norte-americana, durante uma sessão de fotos para a *Vogue* italiana, em 1983.

DIANA, PRINCESA DE GALES 1983

Reinventando a realeza

Diana, princesa de Gales (1961-1997), definiu o estilo de elegância jovem e descomplicada para a nova geração da realeza e ganhou status de estrela da década.

Sua primeira aparição pública, o casamento com o príncipe Charles em 1981, aconteceu diante de 750 milhões de telespectadores de todo o mundo. O vestido de noiva de tafetá de seda, criação de David e Elizabeth Emanuel, cravejado com 10 mil pérolas e decorado com renda típica irlandesa carrickmacross, tinha proporções tão épicas que ficou difícil para o pai de Diana acompanhá-la na carruagem de vidro até a Abadia de Westminster. "Muito vestido e muito pouca princesa", observou fulminante um comentarista. No entanto, definiu-se uma referência para casamentos rebuscados do tipo "conto de fadas" e iniciou uma mania por vestidos de proporções semelhantes, que pareciam um merengue gigante.

A princesa Diana foi a heroína perfeita para a década yuppie. Filha da classe média, cresceu às voltas com pôneis e aulas de dança, viveu em Chelsea e abandonou seu trabalho como professora de jardim de infância ao se envolver com o príncipe de Gales. Antes do casamento, seu estilo era definido por blusas de colarinho alto com babados, estampas florais Laura Ashley, tweeds rústicos e o colar de pérolas onipresente. Depois do nascimento dos dois filhos, ela se transformou em uma dama esbelta sofisticada e teve cada movimento documentado. Tinha entre suas companhias estrelas do rock, dançou com John Travolta na Casa Branca e usava roupas de estilistas badalados em toda aparição pública. Antes do final da década ela tinha se transformado de "Shy Di" [tímida Di] em "Dynasty Di" [soberana Di], graças aos vestidos de noite imponentes e aos tailleurs de criadores britânicos, como Catherine Walker, Victor Edelstein e Bruce Oldfield.

A princesa de Gales "no início", durante uma viagem à Austrália em 1983. Aqui ela usa uma criação romântica de Jan van Velden. Ao longo da década, ela seria vista em trajes cada vez mais arrojados.

REI KAWAKUBO

Radical da passarela

1983

O ridículo e a rejeição com que Rei Kawakubo (1942-) foi recebida, ao chegar a Paris em 1981, são inversamente proporcionais ao respeito que lhe demonstram hoje. Seu desfile de 1982, cuja estética era um tapa na cara da sensibilidade europeia, foi anunciado como "pós-apocalíptico". A imprensa de moda ficou surpresa e encantada em igual medida.

Kawakubo foi muito mal compreendida. O que parecia ser a missão de destruir os códigos do vestuário ocidental era, na verdade, bem o contrário: a estilista propunha analisar todos os componentes da moda, desconstruindo-os para então reconstruí--los de modo mais interessante e atrativo. Sua abordagem vanguardista era influenciada pela tradição japonesa do wabi-sabi, filosofia derivada de zen-budismo que vê beleza na imperfeição e no transitório.

Afeita a mudanças, para Kawakubo a mulher moderna não precisava mais se submeter aos homens, e a estilista tinha uma visão de como elas poderiam se afirmar — "Comme des Garçons" [como garotos], e esse seria o nome de sua loja. Saem de cena a gueixa do Japão de sua infância e a boneca ocidental vestida de maneira sensual; entra a nova mulher que não procurava agradar, que definia sua personalidade e poder com roupas que não eram feitas para seduzir.

Com o rosto sisudo, corte de cabelo geométrico e autoridade inflexível, Rei Kawakubo personificava essa nova mulher. Ela conquistou seguidores dedicados entre os artistas e intelectuais, que apreciaram as roupas de corte amplo feitas com materiais raros importados do Japão.

Rei Kawakubo na abertura do espaço da Comme des Garçons na butique de Henri Bendel, em Nova York, 1983. As roupas deliberadamente inacabadas da estilista animaram muitos que questionavam a definição do luxo.

COMME des GARÇONS

WHAM!

Pop chiclete

1983

A combinação da cabeleira farta e dos dentes perfeitos de George Michael (1963-) com o olhar ardente de Andrew Ridgeley (1963-), além do bronzeado permanente, dos tornozelos ossudos, do peito nu sob jaquetas aviador, das letras alegres e das coreografias de aeróbica resumiam perfeitamente a frivolidade da década.

Para o lançamento de "Young guns (go for it!)" no programa *Top of the Pops* da BBC, George Michael usava alpargatas, uma jaqueta de camurça com a manga arregaçada e jeans com a bainha enrolada. Os rapazes de Bushey viraram sensação pop da noite para o dia — bonitões, com cabelos vistosos e uma melodia que grudava na cabeça. No final de 1983, o Wham! disputava com Duran Duran e Culture Club a liderança do pop britânico. A notoriedade foi devidamente alcançada quando eles revelaram ter "recheado" seus shorts com petecas para a turnê Club Fantastic.

Ridgeley fazia as vezes de *stylist*. Era ele o responsável pelo guarda-roupa estonteante que juntava extremos improváveis, dos bad boys vestidos de couro preto de "Bad boys" (1983) ao *look* pastel de "Wake me up before you go go" (1984). Permanece um dos grandes mistérios da indústria como Ridgeley convenceu George Michael a aparecer no Brit Awards vestindo um terno que o fazia parecer com o coronel Sanders [o personagem do símbolo da cadeia de restaurantes KFC].

Wham! no *The Tube*, programa de música do Channel 4. Hoje, George Michael olha para aquele tempo e admite que ele e seu companheiro de banda poderiam ter se produzido melhor. "Não tinha *stylist*. Não acho que poderia pagar por um", diz ele.

ANNIE LENNOX

Androginia chique

1984

Em uma década de iconoclastas que reconheceram o poder revolucionário do videoclipe e se deleitaram com isso, Annie Lennox (1954-) constitui um marco. Na maré crescente de rebeldes, ela se projetou acima dos demais. Ela era "a Grace Jones branca", ícone de estilo da moda andrógina da década de 1980 — uma escolha que provocou especulações sobre sua sexualidade e até mesmo sobre sua identidade feminina.

Com aparência nem feminina nem masculina, vestindo alfaiataria bem cortada e exibindo-se em performances questionadoras de gênero, como o clipe de "Who's that girl" (1983), Lennox foi tão eficaz em confundir os padrões que, por anos, as pessoas acharam que ela era gay. O modo como apresentava sua masculinidade interior gerou polêmica interminável. A romancista Anne Rice escreveu que ela "embaralhava muito bem todas as nossas preconcepções sobre gênero".

Para Lennox, porém, era mais uma questão de imagem e estilo que política sexual. Ela cresceu em Aberdeen: "uma cidade tão cinza que eu passava o tempo todo na galeria de arte, porque era o único lugar bonito de se estar. Eu era obcecada por coisas brilhantes, reluzentes...". Após o primeiro álbum do Eurythmics, *Into the Garden*, de 1981, ela rapidamente se cansou de ser chamada de "a loira britânica", e o cabelo platinado foi substituído por um corte com topete alto e ternos masculinos — o visual forte e transgressor que ela usou no videoclipe de "Sweet dreams", em 1983.

A imagem original de Annie Lennox entrecruzava os limites do gênero e proporcionava uma sexualidade franca ao universo da cantora e compositora.

BODYMAP

Vigor criativo na moda londrina

1984

Na década de 1980, os olheiros da moda global, em busca de inspiração, dirigiram mais uma vez as atenções para Londres — em grande parte graças ao cenário musical, à moda de rua e à cena noturna florescentes. Já em 1982 tomava forma a Semana de Moda de Londres, disputando seu espaço no calendário internacional, e a sensação daquele ano foram Stevie Stewart e David Holah (ambos 1958-), graduados da Escola Politécnica de Middlesex, que juntos formavam a Bodymap.

Fiéis frequentadores do clube Blitz, com um séquito de admiradores entre alunos das escolas de arte, bailarinos contemporâneos, artistas performáticos e estrelas pop, Stewart e Holah redefiniram o conceito de desfile de moda. Enquanto em Paris até os desfiles mais loucos eram ainda bem convencionais, abrindo com *looks* para o dia e encerrando com uma noiva, as apresentações da Bodymap, em comparação, eram uma verdadeira farra. Seus títulos surreais flertavam com a subversão: "A viagem de Barbie pelas curvas cósmicas da natureza", "Querelle descobre o azeite" e "O gato da cartola provoca o peixe tecnológico". Isso nunca passaria despercebido.

A dupla podia sempre contar com alguns amigos famosos para participações especiais e inesperadas na passarela. Boy George aparecia de vez em quando. O bailarino Michael Clark e os artistas Trojan e Leigh Bowery eram presenças regulares o suficiente para serem considerados parte da "família" Bodymap. E, muito antes das campanhas publicitárias polêmicas da Benetton, Stevie Stewart e David Holah utilizaram modelos de todos os tamanhos e idades (incluindo suas mães) em um desfile chamado "Família".

Apesar da experiência com coleções acessíveis de moda praia e roupas íntimas e de uma linha secundária chamada B-Basic, com o objetivo de ampliar a clientela jovem, o sucesso incandescente da dupla naufragou com a crise econômica de 1986.

Influenciadas pelas silhuetas distorcidas dos japoneses vanguardistas, as peças em jérsei e malha da Bodymap, junto das estampas da designer têxtil Hilde Smith, formaram uma perspectiva totalmente inovadora com uma energia juvenil e hedonista.

JEAN PAUL GAULTIER

1984

O eterno *enfant terrible* de Paris

Paris, 1981: François Mitterrand foi eleito presidente de um país em crise. As pessoas saíam às ruas para expressar insatisfação com a estagnação econômica e o desemprego crescente. As minorias, incluindo homens homossexuais, manifestavam-se para fazer valer seus direitos. Foi nesse contexto de mudança e agitação social que Jean Paul Gaultier (1952-) tornou-se uma promessa da moda francesa. Em suas próprias e modestas palavras, extraídas de uma entrevista para a televisão na época, seu visual era constituído apenas por "princípios clássicos reunidos de forma paradoxal". Apelidado *enfant terrible* da passarela, Gaultier personificava a energia rebelde que forçava as mudanças em um país avesso a elas.

Irreverência e ambiguidade sexual tornaram-se marcas registradas do seu estilo. Seu desfile outono-inverno 1984-85 reformulou o espartilho como roupa exterior, com uma silhueta de seios cônicos exagerados. Para a primavera-verão 1985, ele explorou o tema da androginia, exibindo homens de saia — uma versão repaginada do *kilt*, que se tornou um tema recorrente em suas coleções. Seu trabalho era uma rajada de estilo com o objetivo de destruir o guarda-roupa tradicional masculino e feminino e todo o esnobismo e a convenção social que os acompanhavam.

Gaultier atropelou as barreiras do considerado bom gosto e abraçou a cultura "inferior". Apresentou homens como objetos sexuais no palco. Experimentou extremos crescentes de exposição, cortando muitos elementos das peças, exceto a estrutura, até os vestidos virarem mais um exercício escultural do que um tecido modelado. Vestiu modelos masculinos com xadrez de algodão cru e tênis de salto alto *peep-toe*. Produziu Madonna com crucifixos e espartilhos de sex shop e fez seu sutiã cônico para a turnê de 1990, Blonde Ambition.

À direita: Jean Paul Gaultier posa com os amigos em frente a uma estação de metrô parisiense em 1985, usando algumas de suas criações *prêt-à-porter*.
Abaixo: Gaultier veste um dos ternos que fez, 1984.

METRO
LIGNE Nº7 SULLY-MORLAND LIGNE Nº7

KATHARINE HAMNETT

Ativista da passarela

1984

Em 1984, Katharine Hamnett (1947-) nos proporcionou um dos momentos cruciais da moda da década ao cumprimentar a primeira-ministra Margaret Thatcher em uma recepção do governo vestindo uma de suas camisetas estampadas com o slogan "58% don't want pershing" [58% não querem *pershing**]. A inspiração foram os protestos antinucleares liderados por mulheres na base aérea de Greenham Common, na Inglaterra, onde a estilista integrou as fileiras.

A moda encontra o poder no famoso aperto de mão de Hamnett e Margaret Thatcher, em 1984. Durante os anos 1980, a moda adquiriu um tom político que nunca tivera.

Hamnett fundou sua própria marca em 1979 e virou uma das estilistas mais copiadas do mundo. Seu desfile era um dos mais disputados na Semana de Moda de Londres, atraindo imprensa e compradores de todo o mundo. Suas roupas eram inspiradas em uniformes de trabalho: formas simples e utilitárias em algodão resistente e confortável ou seda fluida de paraquedas. Ela conseguiu algo raro na moda britânica da época: tornar-se um sucesso comercial mundial.

Camisetas com slogans entraram para a coleção de 1983 e ganharam projeção à medida que passaram a ser usadas por bandas pop conscientes da imagem que esperavam projetar. Andrew Ridgeley e George Michael usaram a camiseta com o slogan "Choose life" [escolha a vida] no clipe de "Wake me up before you go go". Hamnett comentou depois: "A moda recebe tanta publicidade que é quase degradante. Então pensei em um jeito de dar um bom uso para isso e mandar algumas mensagens políticas e sociais por aí nas camisetas: coisas que as pessoas precisam saber, que podem fazê-las pensar, falar umas com as outras e talvez até gerar alguma ação...".

* Contra a instalação da base de mísseis desse tipo na Inglaterra

58%
DON'T WANT
PERSHING

MADONNA
Safra MTV

1984

Madonna (1958-) surgiu em 1984 e, durante o quarto de século seguinte, raramente saiu do circuito.

Crucifixos, luvas sem dedo e cabelo desgrenhado amarrado com um laço frouxo eram os elementos imediatamente reconhecíveis que compunham seu visual "bad girl" no filme de 1985 *Procura-se Susan desesperadamente*, de Susan Seidelman. O mix de peças de brechó inspirou aspirantes a estrela nos shopping centers no mundo inteiro.

Além do impacto do início, o talento de Madonna Louise Ciccone em reinventar-se em pleno começo da MTV foi o que realmente impulsionou sua carreira. Sua capacidade em servir--se de uma série de personas de si mesma totalmente diferentes umas das outras colocou-a como descendente direta de David Bowie (ao menos no quesito figurino). Fosse nos sutiãs cônicos de Gaultier ou em qualquer uma de suas referências religiosas, o senso camaleônico de estilo de Madonna nunca falhou em manter o mundo da moda aos seus pés. O punk desleixado com renda e denim de *Procura-se Susan desesperadamente* foi logo substituído por uma releitura glamorosa de Marilyn Monroe em "Material girl", que, por sua vez, seria descartada em prol da dominatrix provocadora vestida de Gaultier da década de 1990.

Sem dúvida, seu estilo ousado abriu as portas para uma tendência mais individualista na moda adolescente de grande público. Mas o guarda-roupa de Madonna criou não só um visual ícone dos anos 1980 — ele também ajudou a formar uma atitude mais empoderada entre as mulheres jovens, o que não se restringiu a essa década.

Madonna com o DJ Jellybean Benitez na abertura do clube Private Eyes, em Manhattan. A primeira fase de Madonna mesclava estilo desleixado com marcas famosas.

MIAMI VICE

Garanhões descontraídos

1984

Giorgio Armani (p. 28) conseguiu muita publicidade por algo que não lhe exigiu nenhum esforço. As jaquetas de linho usadas por Don Johnson e Philip Michael Thomas na série *Miami Vice*, sucesso televisivo dos anos 1980, foram creditadas ao estilista italiano. A série atraiu milhões de telespectadores, que sintonizavam regularmente só para conferir o figurino. Com isso, a indústria da moda lucrou com o estilo *Miami Vice* de blazers desestruturados e calças com pregas.

Observando estilistas como Hugo Boss e Gianni Versace, a figurinista da série, Bambi Breakstone, definiu o estilo "garoto da capa" dos detetives, embora Nino Cerruti tenha criado o visual original. Breakstone admitiu ter sido instruída a investir na moda mais descaradamente arrojada: "o conceito da série era estar à frente de todas as últimas tendências de moda na Europa".

O programa tinha bases fortes na cultura e na música dos anos 1980. Os produtores dedicavam um orçamento significativo a cada episódio para comprar direitos originais de gravações, e empresários perceberam logo que ter uma música na trilha de *Miami Vice* era um modo eficaz de impulsionar as vendas de um disco. Mas é a moda masculina italiana que mais deve à série. Do uniforme diário de Don Johnson, com blazer desestruturado, camiseta, calça de linho branco e mocassim (usado sem meia) à barba por fazer e os óculos de sol de grife da dupla, o guarda-roupa dos policiais instaurou um visual definitivo para a moda masculina na década de 1980.

O figurino de inspiração italiana da série *Miami Vice* se tornou referência para uma geração de vaidosos urbanos vestidos à la Armani, para quem manga da jaqueta dobrada, mocassim e barba por fazer eram o suprassumo do estilo.

MICHAEL JACKSON

Rei do pop

1984

A luva, as lantejoulas, os distintivos, a farda militar, o mocassim, as meias brancas e os óculos aviadores: Michael Jackson (1958--2009) criou uma imagem nos anos 1980 que confirmava o status de "rei do pop" para uma geração de fãs. Décadas mais tarde, o visual mantém seu apelo, tanto na rua como nas passarelas internacionais. De Balmain a Isabel Marant, de Chanel a Givenchy, quase toda grife, em algum momento, foi ao encontro do estilo criado por Michael Jackson entre as décadas que separaram o lançamento de *Thriller* (1982) e sua morte em 2009.

Durante 25 anos, Michael Bush e Dennis Tompkins foram os estilistas por trás de muitos dos figurinos das turnês de Jackson e do seu guarda-roupa. Eles criaram milhares de peças trabalhando a partir de um manequim de Michael em seu estúdio, com as medidas exatas do cantor. Michael Bush lembra: "Michael adorava o estilo militar, as referências egípcias e elementos da realeza, como dá para ver em muitos dos seus figurinos e trajes mais famosos. Quando projetávamos alguma coisa, era sempre um espetáculo, não importa a ocasião".

Os acessórios eram fundamentais para o visual de Jackson. Ele adorava cintos largos, braceletes, lantejoulas, chapéus, faixas, gravatas, bordados e óculos de sol. Era capaz de tornar peças simples, como um emblema militar, um chapéu fedora e um par de meias brancas, tão impactantes quanto sua música. Mas o acessório mais simbólico de Jackson ainda é a lendária luva branca usada em uma das mãos. Não importa o que ele tivesse usado antes, a introdução da luva branca à sua estética na década de 1980 seria o instante definitivo em uma carreira repleta de momentos memoráveis para a moda.

É hora do show! Jackson nunca primou pela discrição. Seus figurinos gloriosos eram um mix fabuloso de Las Vegas e academia militar, carnaval e desfile oficial – mais a cara dos anos 1980 impossível.

PRINCE
A nova realeza do rock

1984

Ao longo da década de 1980, Prince (1958-) cultivou um estilo original e peculiar. Fonte inesgotável de canções pop carregadas de erotismo, com sua personalidade inspiradora, multiétnica e ambígua, confundia público e crítica. Sua presença de palco podia parecer só mais um exemplo da virilidade latina empertigada, mas, simultaneamente, ele se caracterizava de maneira muito estilosa e evocava um ar andrógino em meio a babados de chiffon. Prince era chocante e desconcertante em medidas generosas e equivalentes.

De 1978, ano em que seu primeiro álbum, *For you*, foi lançado, até 1982, pouco antes do lançamento de *1999*, experimentou uma combinação discrepante de referências de moda. Foi um visual que tomou o mundo de surpresa, ainda mais sua Minneapolis nativa. Se Prince empunhava uma guitarra como um virtuoso do rock, seu guarda-roupa estava a anos-luz de distância da jaqueta de couro e das calças jeans rasgadas à Bruce Springsteen. Seu figurino de palco típico consistia em shorts minúsculos, sunga cavada, meias justas na altura da coxa e um salto alto vertiginoso, e, apesar de tudo isso, ele ainda conseguia saltar de um piano de cauda e cair no chão abrindo um espacate. Era raro vê-lo com o tórax coberto; quando muito por um casaco aberto.

No contexto do rock norte-americano, a preocupação de Prince em flexibilizar a ideia de gênero era surpreendente. Não se incomodava em combinar maquiagem brilhante nos olhos com roupas de menino de rua rococó. Em 1983, o cantor foi à entrega do prêmio de um jornal semanal de Minneapolis, no qual foi contemplado como melhor músico de Minnesota do ano, vestindo trenchcoat preto e botas go-go brancas. Sem contar que ficou conhecido por se apresentar usando nada mais do que botas e sunga.

Prince no palco em meados dos anos 1980. A revista *Rolling Stone* comentou: "Prince não se veste como uma estrela de rock típica". A estatura baixa e as referências rococó subverteram os clichês habituais da cultura masculina do rock.

SADE
Musa discreta

1984

Na década de 1980, era muito difícil alcançar status na música sem ter um visual que diferenciasse o artista.... e que visual de impacto tinha Sade (1959-) — cabelo sempre penteado para trás, revelando a testa alta, brincos de argola, boca vermelha e corpo de bailarina em um vestido de noite que revelava as costas. Tornou-se inesquecível de imediato.

Nascida Helen Folasade Adu, na Nigéria, Sade estudou moda no Saint Martins School of Art ao mudar-se para Londres com 18 anos. Lançou uma linha própria de moda masculina, e sua carreira parecia definida. Sua voz foi descoberta quando ela retribuiu um favor a um amigo e fez alguns *backing vocals*. "Quando apareceu essa história de cantar, não pensei em fazer disso uma carreira", disse Sade à *Rolling Stone*. "Pensei: não faço crochê e não jogo badminton. Isso poderia ser um bom passatempo!". O sucesso do seu primeiro *single* acabou com quaisquer ambições que ela pudesse ter de erigir um império na moda masculina.

"Your love is king" foi lançado no início de 1984 e alcançou a sexta posição na parada de sucessos do Reino Unido. O clipe da canção consolidou o status de Sade como estrela estilosa. Ela foi destaque na capa da *The Face* naquele mesmo ano, e revistas como *Vogue* e *Elle* disputavam as poucas entrevistas que ela concordava em conceder. Seu álbum de estreia, *Diamond life*, vendeu mais de 4 milhões de cópias em todo o mundo. Em uma indústria monopolizada por homens exuberantes, Sade era a rainha da discrição *cool*. Tinha uma elegância baseada na simplicidade absoluta, na voz suave e rouca e na propensão por vestidos sereia e ternos masculinos, relembrando os grandes clubes de jazz de Nova York das décadas de 1930 e 1940.

O estilo apurado de Sade foi, para muitos, revigorante em meio à atmosfera carregada do pop dos anos 1980.

THIERRY MUGLER

Empresário da passarela

1984

Na década de 1980, Thierry Mugler (1948-) tornou-se uma força poderosa no cenário da moda francesa. Com o apoio de Melka Tréanton, editora de moda da *Elle* francesa, ele já vinha construindo seu próprio negócio durante os anos 1970. Em 1978, ele estava pronto para abrir uma loja própria na Place des Victoires, em Paris. Desafiando a tradição do luxo, foi direto para o *prêt-à-porter*, resistindo ao apelo da alta-costura. Mugler também abriu sua própria fábrica em Angers — no momento, era o único estilista europeu a fazer esse investimento, o que ajudou a estabelecê--lo não só como um visionário criativo, mas também como um empresário bem-sucedido.

Mugler também mudou a maneira como as coleções eram apresentadas na moda. Seus desfiles ocorriam não em salões com algumas poucas cadeiras douradas, mas em grandes tendas, com uma encenação dramática. Eram *happenings* que atraíam imprensa, compradores e, claro, gente querendo aparecer em tal número que parecia mais um concerto de rock. "O teatro é tudo", declarou o estilista certa vez. "Minha vida é um palco."

O estilista também insistia que "um corpo bem construído precisa de ombros". E, quanto a isso, a mulher idealizada por ele nunca decepcionava. Ela tinha ombros e muito mais: cintura fina, decote profundo e um ar de frieza arrogante em sintonia com o narcisismo da década.

Mugler esteve à frente do resgate de peças estruturadas, dignas de um engenheiro — um tailleur do estilista era como a estrutura de um carro, muitas vezes complementado por acessórios como nadadeiras e berloques artesanais. Em busca da figura feminina que idealizava para suas criações, poderosa e futurista, por duas décadas ele comandou sua fábrica em Angers, para conseguir feitos cada vez mais extraordinários na indústria da moda.

Esplendor barroco: uma "típica" criação de Mugler, da sua coleção outono--inverno 1984-5. O ouro, com suas conotação de riqueza nababesca e de glamour da era espacial, foi um *leitmotif* duradouro.

AZZEDINE ALAÏA

Obra incomparável

1985

Quando estudante de escultura na Escola de Belas-Artes em Túnis, Azzedine Alaïa (1940-) não imaginava que seria em breve o mais parisiense de todos os costureiros. Chegou a Paris em 1957 e começou, do mesmo modo como continua a fazer hoje, conquistando seu espaço à margem das instituições. Depois de uma passagem relâmpago de cinco dias pela Dior e algumas temporadas com Guy Laroche, abandonou os salões da alta-costura e começou a atuar por conta própria diretamente com seus clientes.

A imprensa logo prestou atenção em seu trabalho. A *Elle* exibiu um casaco criado por ele para Les Fourrures de la Madeleine em 1979, e uma peça de couro com uma constelação de rebites foi fotografada para a revista de estilo *Dépêche Mode* em 1980. Encorajado, Alaïa mostrou sua primeira coleção em 1981 em seu pequeno apartamento na rue de Bellechasse, atraindo estrelas como Grace Jones e Tina Turner.

Alaïa criou uma nova maneira de as mulheres se vestirem, muito mais focada na reinterpretação do que na reinvenção. Ainda assim, seu trabalho era radical. Em uma década que valorizava mais o estilo que o conteúdo, o estilista vestia as mulheres sem artifícios, sem outras armas além de um corte hábil e inovações como costuras que serpenteavam pelos contornos do corpo com precisão digna de um engenheiro. Ele criou bodies e leggings que envolviam o corpo, acentuando cada curva, e, ao mesmo tempo, escondiam "magicamente" as imperfeições.

Mas Alaïa permaneceu um segredo bem-guardado para iniciados, principalmente o circuito de supermodelos, artistas e intelectuais variados que se reuniam à noite na mesa de sua cozinha (onde ele gostava de preparar jantares). Em 1986, tornou-se conhecido e firmou-se para sempre no imaginário popular com o clipe de Robert Palmer, "Addicted to love". A banda de apoio do cantor tinha quatro modelos usando vestidos de malha preta criados por Alaïa, com penteados e batom idênticos.

Alaïa faz a prova de um de seus vestidos insinuantes na cantora pop Grace Jones. A genialidade de Alaïa consistia em unir um aspecto clássico discreto com uma inspiração vanguardista.

BRAT PACK

Vencendo as provações da adolescência

1985

Diane Lane foi a sensação do cinema em 1982 ao estrelar, no papel de Cherry Valance, em *Vidas sem rumo*, de Francis Ford Coppola, ao lado de Matt Dillon, Tom Cruise, Patrick Swayze e Rob Lowe. Em referência ao "Rat Pack", turma de *bons-vivants* da década de 1950 liderada por Frank Sinatra e Dean Martin, Andy Warhol apelidou Lane de "a inigualável presença feminina do novo Rat Pack de Hollywood". Três anos mais tarde, após o lançamento de *O clube dos cinco*, de John Hughes (1985, estrelado por Molly Ringwald, Emilio Estevez e Ally Sheedy), e *O primeiro ano do resto de nossas vidas*, de Joel Schumacher (1985, com Rob Lowe), David Blum, jornalista da *New York Magazine*, batizou a nova geração de jovens atores de "Brat Pack" [bando de moleques].

Molly Ringwald, Martha Plimpton, Demi Moore e Winona Ryder eram as rainhas incontestáveis dessa geração. Mas o diferencial delas era não serem nem mulherões nem ninfetas: eram apenas adolescentes com atitude e carisma. Foi a safra dos filmes que falavam sobre a chegada à maioridade, quando adolescentes descontentes tomaram o centro do palco. Para a moda, os principais momentos foram a criativa desconstrução do vestido de formatura de gosto duvidoso de Molly Ringwald em *A garota de rosa-shocking* (1986), as luvas sem dedos e as sombras de Judd Nelson em *O clube dos cinco* e os tênis All Star sujos e as camisas xadrezes, antecipando o grunge, em *O primeiro ano do resto de nossas vidas*.

O Brat Pack canalizou a revolta adolescente dos jovens brancos de classe média no limiar da idade adulta em uma era plena de conformismo. Sua inclinação à rebeldia era embalada por um estilo mais para brechó do que para alta-moda. Combinavam roupas emprestadas e remendadas: jaqueta do namorado com as mangas dobradas, camiseta, jeans com emblemas aplicados e saias até o tornozelo. Era o triunfo do estilo faça-você-mesmo.

Será que o grunge nasceu aqui? Filmes como *O clube dos cinco* popularizaram uma estética desleixada de jeans, camisetas e mangas arregaçadas. Ainda assim, era mais yuppie que um estilo verdadeiramente street.

THEY ONLY MET ONCE, BUT IT CHANGED THEIR LIVES FOREVER.
They were five total strangers, with nothing in common,
meeting for the first time.
A brain, a beauty, a jock, a rebel and a recluse.
Before the day was over, they broke the rules.
Bared their souls.
And touched each other in a way
they never dreamed possible.
THE BREAKFAST CLUB
BTC
A JOHN HUGHES Film · An A&M FILMS/CHANNEL Production "THE BREAKFAST CLUB"
Starring EMILIO ESTEVEZ · PAUL GLEASON · ANTHONY MICHAEL HALL · JUDD NELSON · MOLLY RINGWALD · ALLY SHEEDY
Written and Directed by JOHN HUGHES Editor DEDE ALLEN A.C.E. Music Composed by KEITH FORSEY Co-Producer MICHELLE MANNING Executive Producers GIL FRIESEN and ANDREW MEYER
Produced by NED TANEN and JOHN HUGHES A UNIVERSAL PICTURE
R RESTRICTED UNDER 17 REQUIRES ACCOMPANYING PARENT OR ADULT GUARDIAN
Soundtrack available on A&M Records and Cassettes
N S S #850002

JANE FONDA
Formas perfeitas

1985

Jane Fonda lançou uma revolução nos cuidados com o corpo e na *streetwear*.

A responsabilidade pela obsessão com a beleza corporal vigente durante a década de 1980 pode ser atribuída inteiramente a uma só mulher: Jane Fonda (1937-). A estrela de cinema, ativista política e vencedora do Oscar iniciou uma carreira nova (e muito lucrativa) após se machucar no set do filme *Síndrome da China* (1979), o que a obrigou a encontrar uma alternativa às aulas de balé que fazia para manter a forma. Começou a fazer aeróbica sob a supervisão de Leni Cazden, cujo método evoluiu para a série de exercícios oficial Jane Fonda Workout.

A tecnologia ajudou a atriz a se reinventar como guru da boa forma. Seu primeiro vídeo de exercícios foi lançado em 1982, e o consumo entre os proprietários de videocassete, então um aparelho de ponta no filão de eletrônicos, alcançou vendas de quase 1 milhão. Ao longo dos doze anos seguintes, cinco livros, 23 vídeos e treze fitas cassete ajudaram milhões de mulheres na busca pelo que Fonda chamava "the burn" [a "queima" da gordura]. Ela explicava: "para ter efeito, era preciso malhar pesado o suficiente até sentir uma sensação que eu descreveria como a de queimar. Malhe até queimar, continue até sentir isso, e aí você terá certeza de que fez diferença".

"Sinta queimar" virou um slogan de Fonda, e a mania da malhação varreu a Europa e os Estados Unidos. As preocupações da moda naquela década tornaram-se saúde, beleza, jovialidade e *sex appeal*. Com isso, as indústrias da dieta, das academias de ginástica e de equipamentos afins cresceram. Bermuda de ciclista, bandana, blusão de moletom e polainas viraram roupa para usar nas ruas, e a Lycra®, até então uma fibra conhecida principalmente pelos fabricantes de meias e lingerie, transformou-se em uma megamarca global do seu fabricante, a DuPont.

RAY PETRI: BUFFALO

1985

O *stylist* supremo

Londres nos anos 1980 era um caldeirão onde se misturavam cultura pop, política e a redescoberta do poder dos produtos de marca. Ray Petri (1948-1989) conseguiu interpretar com precisão o *zeitgeist* da cidade. Fundador da Buffalo (um coletivo de criação, um manifesto de estilo, uma atitude), ele foi o *stylist* de todos os *stylists*, um dos primeiros. Seu trabalho para as revistas *The Face*, *Arena* e *i-D* ainda é fascinante.

Petri não encontrava as modelos que queria nas principais agências da época. Elas eram especializadas na aparência comercial, que era quase exclusivamente de pessoas brancas, então ele foi às ruas. O *stylist* é lembrado com maior frequência por ter descoberto Nick Kamen e o escalado para o comercial da Levi's em que o rapaz se despe em uma lavanderia, ao som de Marvin Gaye, o que fez da calça 501 objeto de desejo da década. Foi uma das imagens mais fortes dos anos 1980, mas ela só existiu, em grande parte, porque Ray Petri conseguiu quebrar o padrão aceito de beleza. "Os modelos tinham de ter a atitude certa. Visual não era o suficiente. Era preciso ir mais fundo. Deveriam ser humildes, mas orgulhosos ao mesmo tempo", lembra um dos colaboradores da Buffalo, Mitzi Lorenz.

A Buffalo é mais lembrada pelos seus garotos. Mas ela também lançou estrelas entre as mulheres. Talisa Soto foi a único modelo de moda no grupo que consolidou uma carreira internacional, e seu relacionamento com Nick Kamen estava no centro da família Buffalo. Entre as semelhanças que eles compartilhavam, estava a beleza andrógina: a dele com delicadeza quase feminina; a dela, com força estranhamente masculina. Eles apareceram juntos em uma capa da *The Face* em 1985. "O ideal de Ray estava em algum ponto entre Nick e Talisa", disse o irmão de Nick, Barry Kamen. "O casal resumia a Buffalo. Talisa era uma hispano-americana durona do Bronx, e Nick, um garoto inglês de Essex com ascendência birmanesa."

Imagens do coletivo Buffalo: a modelo Lindsey Thurlow (*à direita*) fotografada por Jamie Morgan para *The Face*, e a cantora pop Neneh Cherry no início da carreira. Buffalo celebrava o extraordinário dentro do ordinário.

HIP-HOP
Batida radical

1985

Os anos que separam o sucesso comercial do grupo Run-D.M.C. e a chegada do gangsta rap com o NWA, no final dos anos 1980, são considerados por aficionados os anos dourados do hip-hop. Em termos de moda, o Run-D.M.C. leva crédito por definir a identidade dessa tribo, estabelecendo um limite com o estilo de roupas usado por Grandmaster Flash. O hip-hop veio das ruas, primeiro como música de apoio para festas locais do bairro, mas depois, como definiu o pioneiro do rap Chuck D, como uma "CNN negra", com letras que comentavam as questões sociais e relatavam as condições de vida de pessoas desde sempre relegadas à marginalidade nos Estados Unidos.

O visual do Run-D.M.C. era uma expressão do *black power*. Eles nunca seriam vistos ostentando grifes de alta-moda. Eles mantinham as roupas da rua e as marcas usadas pela comunidade: Adidas e Kangol. Normalmente, os artistas de hip-hop usavam conjuntos de moletom, jaqueta bomber, óculos escuros grandões, chapéu Kangol e tênis Adidas Superstar shell-toe com cadarços enormes. Ou então, inspirados nos presos, não usavam cadarços, os quais sempre foram confiscados.

Joias de ouro pesadas criavam um jogo de poder — um índice de riqueza e sucesso. Os "manos" usavam correntes de ouro pesadas; as "minas", brincos do tamanho de uma maçaneta, como as meninas do trio Salt-N-Pepa. Com toda a preocupação com a credibilidade na rua, o hip-hop não estava imune à tentação do luxo, e, assim como os yuppies dos anos 1980 e suas grifes, aos poucos os rappers começaram a exibir riqueza com elementos denotando status. Tênis mais caros e agasalhos de grife eram complementados por emblemas flagrantes de riqueza, como símbolos de carros de luxo.

A capa do single "Walk this way" (1986) do Run-D.M.C. Os membros do grupo usavam o visual clássico do hip-hop: jaqueta bomber, jeans e tênis brancos.

CONSCIÊNCIA SOCIAL
Uma década de boas ações

1985

Os anos 1980 são muitas vezes menosprezados pelo hedonismo narcisista, mas a década também presenciou um aumento considerável da consciência política e de um ativismo social intenso. O perfil do captador de recursos mudou para sempre. Se antes eram senhoras pedindo doações aos sábados em ruas movimentadas de compras, naquele momento surgiram fundos sociais e conscientização, mas imbuídos do estilo da época, ou seja, repletos de estrelas do pop, estilistas e celebridades. Eventos beneficentes gigantescos, como o Live Aid, arrecadaram dinheiro para a fome na Etiópia, e, em 1985, 5 mil pessoas se reuniram no Albert Hall de Londres sob a bandeira do Fashion Aid — para "uma noite de espetáculo e glamour"... e captação de recursos.

O ativismo pelos direitos dos animais também foi reformulado. O Lynx era um dos grupos de pressão mais bem-sucedidos da década de 1980. Ostentando o apoio de celebridades como Neil Kinnock e Elton John, ganhou proeminência com uma campanha de publicidade controversa. Filmada por David Bailey, ela apresentava uma modelo criando uma trilha de sangue a partir de um casaco de pele comprido até os pés. A legenda dizia: "Foram necessários treze animais irracionais para fazer esse casaco, e apenas um para usá-lo". Em 1986, Liz Tilberis baniu matérias e anúncios com peles da *Vogue*.

O maior desafio de todos, no entanto, foi enfrentado quando a aids dizimou a indústria da moda e inspirou o ativismo em um meio que nunca havia estado muito inclinado a atos altruístas e de generosidade. Com o tempo, poucos não foram afetados de alguma forma pela terrível disseminação do vírus.

Celebridades no Fashion Aid, em 1985: Paula Yates (*à direita*) e Freddie Mercury com Jane Seymour (*abaixo*). A moda dos anos 1980, apesar de toda a frivolidade, caracterizou-se por um novo engajamento político.

BOY GEORGE

Pavão do pop

1987

A fascinação da moda com o desfile de excentricidades que definiu o estilo das ruas e dos clubes noturnos alimentou um renascimento do fenômeno do *cross-dressing* nas estrelas pop. Os homens se vestiam, se não como mulheres, ao menos como incógnitas sexuais. E, por sua vez, as mulheres se vestiam para se parecer homens. Vez ou outra, os dois gêneros se encontravam no meio do caminho com um visual nem masculino nem feminino, na pele de uma criatura exótica e assexuada localizada entre os dois extremos.

No início dos anos 1980, Boy George (nascido George Alan O'Dowd, em 1961) abriu alas para o estilo transgressor de gêneros. O cantor Marilyn o seguiu, mas, no esforço de tornar-se um artista mais sério, George deixou o vestido de lado e caiu rapidamente no abismo inconstante da moda dos anos 1980. Por volta da mesma época da ascensão de Boy George, Annie Lennox também ensaiou um *cross-dressing*, aparecendo no clipe de "Sweet dreams" com um corte de cabelo curto e laranja e um terno masculino.

Enquanto a banda de George, Culture Club, vestia uniformes de beisebol norte-americano, com blusões de moletom e ombreiras enormes, ele rapidamente mudou de um casaco com estrelas e listras usado com uma cartola grandona de palha para o visual "toucado egípcio". Suas roupas eram feitas por Dexter Wong, que atuava por fora do empório Hyper Hyper na Kensington High Street, em Londres, e fornecia acessórios como os poderosos colares Monty Don.

O estilo original de Boy George era parte exibicionismo, parte declaração radical em uma década que subverteu os estereótipos do gênero e viu florescer, pela primeira vez e com força, uma cultura gay comercial moderna.

CLAUDE MONTANA

Rei da encenação

1987

Na década de 1980, Claude Montana (1949-) era o estilista em destaque no quesito glamour melodramático. Seu estilo arquitetônico e imponente dispensava quaisquer vestígios românticos da boemia hippie da década de 1970, mas também se opunha diametralmente ao estilo sombrio e cerebral de Kawakubo e Yamamoto. Suas roupas evocavam o mais puro *sex appeal*, a altivez e a cor gaulesas. Ele apresentava as mulheres com a armadura que ele acreditava ser por elas desejada. A silhueta Montana clássica era um triângulo invertido, com ombros largos e cintura fina, geralmente envolvida por uma porção farta de couro preto brilhante. Seu estilo chique, *vamp* e caro capacitava as mulheres a usar o próprio "capital erótico".

Fashionistas vinham em bandos para ver e ser vistos nos espetáculos extravagantes que Montana preparava em seus desfiles. Perversas, distantes, glaciais, encouraçadas, as rainhas da passarela espreitavam-se pela pista com quadris cingidos, saias apertadas, ombros agressivos e espartilhos envolventes, usados como armaduras. Sua adoração por casacos e capas de couro levou a acusações de supostas referências nazistas mais de uma vez. Mesmo assim, seus desfiles eram ímãs colossais de publicidade e, mesmo nas lojas mais tradicionais, suas peças eram sempre um sucesso comercial. Até seus críticos mais ferozes admitiam que seu senso criativo estava em sintonia com os tempos.

Montana inventou o *look* inteiro de uma cor só. Suas peças não combinavam facilmente com outras em um guarda-roupa eclético — as pessoas compravam toda a linha Montana. Seu estilo diluía-se para as marcas populares a preços mais acessíveis, criando uma geração de jovens com ombros marcados sem paciência para bobagens.

Montana recebe os aplausos por sua coleção primavera--verão 1988. O estilo fetichista e fortemente estruturado de Montana podia não ser exatamente "politicamente correto", mas mesmo assim captou o *zeitgeist*.

KARL LAGERFELD NA CHANEL

1987

A grande virada fashion da instituição francesa

Em 1983, Karl Lagerfeld (1933-) tornou-se estilista-chefe da *maison* de alta-costura Chanel. Ele já tinha uma reputação de profissional prolífico: desde 1970, havia projetado coleções para a Chloé, em Paris, e a Fendi, em Roma, com uma parada na MaxMara, em Milão, e arranjando ainda tempo suficiente para desenvolver coleções com seu próprio nome. A Chanel, então, era uma marca envelhecida, embora tivesse a vantagem singular de, ao contrário de muitos de seus rivais e contemporâneos, nunca ter licenciado seus produtos. Mas ela não tinha muito mais a oferecer do que alguns tailleurs de tweed antiquados.

Graças ao engenhoso Lagerfeld e ao tratamento cuidadoso dado aos perfumes e acessórios lançados sob a marca, em uma década a Chanel tornou-se uma empresa de US$ 1 bilhão. Lagerfeld era um modernizador inveterado e considerava-se um estranho dentro do sistema da moda francesa, que ele detestava pelo conservadorismo. Ele passou anos estudando minuciosamente o legado de Coco Chanel e decidiu reinventá-lo. Comunicador nato, Lagerfeld era capaz de realizar coletivas de imprensa em cinco idiomas e possuía um entendimento instintivo sobre o poder da mídia. Tinha, também, compreensão equivalente do que as mulheres queriam.

Suas coleções para a Chanel eram quase uma paródia da roupa feita para se exibir, explorando descaradamente o logotipo dos dois "c" entrecruzados e os clássicos, como o broche de camélia e o matelassê na diagonal. No entanto, a clientela levou a brincadeira a sério, ostentando bolsas de couro com losangos, brincos dourados com o logotipo da marca enorme e minissaias decoradas com correntes pelas ruas da moda mundo afora. O apelo de Lagerfeld entre os novos-ricos foi um motor importante para o sucesso do ressurgimento da Chanel.

Lagerfeld reinventou a Chanel na década de 1980, jogando com os elementos famosos da marca para criar um estilo típico para os ultrarricos; aqui, Inès de la Fressange desfila para a marca.

JASPER CONRAN

De braço dado com os negócios na moda britânica

1987

Embora a imprensa internacional tenha eleito Londres como fonte de amadores malucos, a cidade tinha também um núcleo de estilistas profissionais. Na década de 1980, a Jean Muir e Zandra Rhodes juntaram-se Sheridan Barnett, Alistair Blair e Jasper Conran (1959-), que conseguiu, em um universo de pessoas extravagantes, combinar criatividade e tino para os negócios. Naquela época, a moda britânica, como sempre, aspirava à arte: os desfiles de moda eram performances, e as roupas muitas vezes eram secundárias diante do culto dirigido ao estilista. Ser empreendedor na moda era uma posição que exigia coragem, pois a indústria equiparava "vender" a "vender-se".

Filho de *sir* Terence Conran, o estilista mais conhecido da Grã-Bretanha, Jasper foi aceito na Parsons School of Design, em Nova York, aos 16 anos. Lá, foi fisgado pelo estilo de vida hedonista de Manhattan, tornando-se *habitué* do Studio 54 ainda na adolescência. Ele testemunhou, também, o surgimento de uma nova geração de estilistas americanos, como Donna Karan, Calvin Klein e Michael Kors, que atendiam às necessidades do guarda-roupa da mulher moderna de maneira mais prática. Em 1979, com apenas 19 anos, Conran desenhou sua primeira coleção feminina assinada e, no ano seguinte, foi convidado para participar de um desfile com estilistas londrinos.

Sua experiência em Nova York formatou tanto sua atitude em relação à moda como seu forte senso comercial. A moda americana tinha um apelo que Conran chamava de "abordagem sensata". Ele rapidamente aprendeu que roupas seguindo esse princípio nem sempre estavam nas manchetes, mas isso não o intimidou. Enquanto outros estilistas britânicos gozavam de ascensões meteóricas e quedas dramáticas, ao longo dos anos ele construiu uma clientela fiel que adorava suas roupas respeitáveis e discretas — pessoas como a princesa Diana, que muitas vezes confiou em Conran para vesti-la para suas aparições públicas.

Jasper Conran com Bianca Jagger em 1987. Ele trouxe uma dose bastante necessária de bom senso e sensatez à moda britânica da década de 1980.

CHRISTIAN LACROIX

Totalmente demais

1987

Em 1982, Christian Lacroix (1951-) se destacou no cenário da moda como estilista da esquecida *maison* parisiense Patou. Com o *boom* econômico, o luxo retornava em grande estilo depois de anos. E, com ele, veio um mercado de roupas em que os novos-ricos podiam se vestir para se exibir.

Os estilistas de vanguarda futuristas podiam ser os queridinhos da imprensa especializada, mas Lacroix continuava arrebatando a imaginação com uma linguagem na moda diametralmente oposta, centrada em anquinhas, laços, espartilhos e crinolinas presentes nas obras de artistas rococó do século XVIII, como Boucher e Fragonard. Ele invocou uma perspectiva colorida exuberante, misturando babados e penas usados pelas dançarinas de *cancan* de Toulouse-Lautrec com rendas e estampas inspiradas nos ciganos da sua Provença natal.

Os meandros de seus bordados e passamanarias e o trabalho com penas e flores davam um enfoque atento e renovado às habilidades dos artesãos dos ateliês de alta-costura, que tinham caído em desuso com os estilistas modernos, dedicados a um caminho menos decorativo e mais utilitário. Com as coleções de Lacroix, esse tipo de trabalho mais uma vez inspirou o público com admiração. "Pessoalmente, sempre oscilei entre a pureza das estruturas e o êxtase dos enfeites", disse o estilista, que sempre enfrentou os minimalistas com um estilo desafiadoramente *de trop*.

Christian Lacroix com Jane Seymour em 1987. A saia bufante de Lacroix — um balonê de tafetá ou cetim — se tornaria o vestido de festa *fin-de-siècle*. A versão curta, combinada com a jaqueta de toureiro e usada com meias brilhantes e saltos enormes, fez das pernas as partes do corpo mais cobiçadas da década.

WHITNEY HOUSTON

A garota comum mais glamorosa do pop

1987

Whitney Houston (1963-2012) começou a trabalhar como modelo depois que um fotógrafo a viu cantando no Carnegie Hall com sua mãe, Cissy Houston. Ela trabalhou para a *Cosmopolitan* e a *Glamour* e tornou-se uma das primeiras modelos negras a aparecer na capa da revista *Seventeen*. Ao mesmo tempo em que lançava sua carreira como cantora, já era uma das modelos adolescentes mais requisitadas da época.

No cenário das paradas de sucesso da década de 1980 em que circulavam transgressores de gênero, roqueiros *bad boys* e deusas sedutoras pop, Whitney Houston era vista como " comportada". Comparada a Madonna ou Annie Lennox, ela não era uma pioneira em moda, mas o estilo colegial e a voz inigualável fizeram dela uma inspiração para milhões de jovens. No contexto da década de 1980, era preciso coragem para ser uma garota comum no meio musical.

As opções de estilo de Houston eram, sem dúvida, bem regradas. Ela saltava pelo palco usando tênis, jeans de lavagens claras, camiseta branca e brincos de argola dourados grandes, mas modestos. Certa vez, usou um blusão de moletom e amarrou o cabelo com uma bandana para cantar o hino norte-americano na abertura do Superbowl, parecendo mais como se estivesse a caminho da academia que na abertura do maior evento esportivo televisionado dos Estados Unidos. Suas opções mais produzidas eram um pouco mais ousadas, muitas vezes com vestidos justos pretos ou brancos com lantejoulas. Houston tinha uma queda por terninhos de ombros largos e chapéu cloche branco.

Em um mundo em que todas as estrelas aspiravam a uma imagem radical e subversiva, Whitney Houston era a diva acessível.

A exceção confirma a regra: o gosto para moda de Houston em geral era o mesmo de uma garota comum, mas ocasionalmente alcançava um patamar mais ousado, como nessa imagem do clipe de 1987 "I want to dance with somebody"

YOHJI YAMAMOTO

Minimalista da passarela

1987

Quando os japoneses chegaram a Paris na década de 1980, seu estilo simplório era diametralmente oposto ao modernismo teatral de Claude Montana (p. 78) e Thierry Mugler (p. 62). Eles eram mais racionais e sombrios que os franceses hedonistas. Yohji Yamamoto (1943-) era indiscutivelmente antimoda. “Não sigo as tendências. Não as busco”, afirmou. Com sua namorada da época, Rei Kawakubo, da Comme des Garçons (p. 40), ele sacudiu o mundo da moda. O resultado foi impactante, “como uma explosão nuclear ou uma catástrofe natural”, disse o jornal *Le Figaro*. As modelos andavam de um jeito robótico, não usavam maquiagem e tinham o cabelo todo bagunçado. Não havia salto alto nem lantejoulas. As roupas tinham buracos, eram usadas com sapatos pesados, e as bainhas eram inacabadas.

Yamamoto lançou seu primeiro ataque ao bastião da respeitabilidade masculina, o terno, ao quebrar seu apelo tradicional. Para as mulheres, ele criou uma combinação marcante de alfaiataria austera com suavidade e uma silhueta solta. Em suas mãos, o preto é reverenciado como uma cor importante, com profundidade e calor; a simplicidade da camisa branca era o contraponto luminoso.

O modo japonês de se vestir sempre foi a base inspiradora para o estilo de Yamamoto. Suas roupas caracterizam-se pela fluidez e muitas vezes escondem o corpo para aumentar seu mistério. Ao contrário das super-heroínas frequentes nas passarelas de Mugler e Montana, ou da extravagância barroca de uma coleção de Christian Lacroix, Yamamoto se inspira em pessoas reais e na forma como elas vivem e pensam.

As criações de Yamamoto são guiadas pela sinuosidade do tecido, até a forma da peça surgir como resultado. A estrutura é combinada a uma fluidez volumosa, como visto nesta foto famosa de Nick Knight, uma das principais influências em estilo da década.

MANOLO BLAHNIK

Sapatos superlativos

1988

As origens de Manolo Blahnik (1942-) podem explicar, de alguma forma, sua amplitude estética. Nascido nas Ilhas Canárias, de pai tcheco e mãe espanhola, estudou arte e literatura na Universidade de Genebra e se mudou para Paris em 1968, para cursar arte na École du Louvre. Um encontro com a célebre editora de moda Diana Vreeland, em Nova York, o colocou no caminho do design de calçados.

Blahnik mudou-se para Londres em 1970 e, depois de fazer sapatos para Ossie Clark, lançou sua própria marca em 1973. No entanto, no início, ele resistiu em chamar a si mesmo de designer, considerando a descrição pretensiosa. Ele dizia simplesmente: "trabalho com sapatos". Só em 1978 começou a levar seu empreendimento a sério. Sua ascensão ao estrelato da moda foi meteórica. Em 1980, o *New York Times* o elegeu o designer de sapatos mais influente do mundo, e sua lojinha no bairro de Chelsea tornou-se meca de celebridades, socialites e da juventude bem-nascida.

Na década de 1980, Blahnik consolidou a reputação de elegância e de altura vertiginosa de seus saltos. O designer tem um talento único para criar combinações harmoniosas de materiais e a capacidade de se movimentar com facilidade entre o clássico mais puro e toques mais deslumbrantes de ousadia. As mulheres adoram seu trabalho pela feminilidade extrema e a sensualidade provocante. Sapatos Blahnik projetam uma mulher despojada, extrovertida e antenada com a sofisticação global. Não é de se admirar que muitos deles sejam exibidos como se fossem miniobras de arte em pequenas "galerias" montadas por suas adoradoras em seus closets.

Manolo Blahnik examina suas criações em seu salão de Londres. O designer levou adiante a grande tradição dos calçados femininos elegantes, sobrepondo-se às gafes berrantes dos anos 1970 e 1980.

PAUL SMITH

A moda britânica masculina redefinida

1988

Sir Paul Smith (1946-) tornou-se estilista por acaso e reformulou o guarda-roupa britânico masculino na década de 1980. Praticamente o único responsável pela redescoberta da alfaiataria tradicional britânica, ao mesmo tempo conseguiu revigorá-la com excentricidade e humor característicos.

Em 1964, Paul Smith era um ciclista com o objetivo de conquistar reconhecimento profissional nesse esporte. Um acidente acabou com essa ambição, e, ao sair do hospital, Smith uniu-se a um grupo de estudantes na sua Nottingham natal que o apresentaram ao mundo da arte e da música contemporânea. Incentivado por Pauline Denyer, com quem ele se casaria mais tarde, Smith começou aulas noturnas de alfaiataria. O estilista mostrou sua primeira coleção masculina com marca própria em Paris no ano de 1976.

Em 1979, Smith abriu uma butique na Floral Street, no Covent Garden, o que tornou a área um núcleo da cena de moda londrina. O público veio em massa em busca da combinação idiossincrática de dândi de Oxbridge com surfista adolescente, de presidente do conselho com aluno problema. No terno clássico do estilo Paul Smith, executivos das tribos crescentes da mídia, da música e da publicidade da década de 1980 encontraram a expressão perfeita em matéria de alfaiataria — séria, mas não em excesso.

O sucesso do seu estilo repousa sobre uma linha tênue que, como ele dizia, é como um encontro da "Savile Row [centro da alfaiataria inglesa] com o comediante Mr. Bean". O mix do estilo britânico clássico com as cores vivas de Smith transmite uma atitude inusitada, quase excêntrica. Até o final da década, ele transformaria uma ideia peculiar do espírito britânico em uma linguagem mundialmente reconhecida.

Retrato de Paul Smith, 1988. "Meu negócio sempre foi maximizar o espírito britânico", disse ele em uma entrevista em 1981. "Não gosto de ideias idiotas que não podem ser vestidas".

EXECUTIVAS

Mulheres chiques de futuro

1988

Em 1975, John Molloy publicou *Women dress for success*. Nos Estados Unidos, e logo na Europa, o mundo corporativo levou as ideias desse livro a sério, e as mulheres trocaram as peças avulsas descombinadas por tailleurs sóbrios. O argumento de Molloy era baseado na premissa de que "um tailleur de lã simples de alfaiataria, em uma cor neutra como azul-marinho ou cinza-azulado em tom de ardósia, usado com uma blusa nada provocante, imita um uniforme militar, o que, por si só, transmite autoridade". Como base para sua teoria, ele apresentava uma extensa pesquisa, segundo a qual tanto clientes quanto subordinados aceitavam melhor as palavras de uma mulher se ela estivesse vestida com tailleur do que se estivesse com roupas da moda. Foi uma teoria que gerou polêmica: com a chegada da década de 1980, todo o mundo corporativo ocidental estava subjugado a esse conceito de *power dressing*.

Durante a década, o número de mulheres em cargos executivos só aumentou. Elas praticavam corrida ou malhavam na academia antes de ir para o escritório, lidavam com crises domésticas pelo telefone e trocavam os saltos Stephane Kélian por pares de tênis ao voltar para casa e brincar com seus bebês antes de se produzirem e ficarem lindas para jantar fora.

Por toda uma década, a moda esteve obcecada com o *power dressing*. O elemento mais importante desse modo de se vestir era a ombreira, e quase nenhuma peça de roupa era construída sem ela. Em busca de uma imagem que transmitisse assertividade, riqueza e sucesso nas esferas social e corporativa, ombreiras grandes estavam em quase todos os lugares, desde os casacos de alfaiataria até vestidos de noite e pijamas.

"Tenho uma cabeça para os negócios", vangloriava-se Melanie Griffith no filme *Uma secretária de futuro* (1988), "e um corpo para o pecado". Ao final dos anos 1980, o tailleur de lã feminino e "a blusa nada provocante" tinham adquirido um glamour austero próprio.

RIFAT OZBEK

Sonho otomano

1988

Nascido em Istambul, na Turquia, Rifat Ozbek (1953-) se mudou para o Reino Unido na década de 1970. No início, estudou arquitetura na Universidade de Liverpool, mas logo se transferiu para a Saint Martins School of Art, inscrito no curso de moda. Ozbek graduou-se em 1977 e, depois de uma temporada na Itália e outra na rede de lojas Monsoon, lançou a marca própria em 1984, com um desfile no apartamento de seus pais no bairro londrino de Belgravia.

O renascimento da moda britânica na década de 1980 esteve mais baseado em idealismo criativo do que em dominação da indústria. A vida no seu estúdio em Haunch of Venison Yard, na Mayfair londrina, era tanto um exercício artístico como a construção de um negócio. Seu estilo romântico e eclético recebia influências tão díspares quanto a atriz Juliette Gréco, a coreógrafa Martha Graham e mariachis mexicanos, por isso atraiu a atenção de algumas estilosas influentes, como Tina Chow, Grace Coddington e Polly Mellen, que estiveram entre as primeiras incentivadoras do jovem estilista. Em um contexto em que a moda estava obcecada com o streetwear e o minimalismo, Ozbek oferecia um ponto de vista único e universal, usando combinações de tecidos ricos e exóticos — estampas da África, seda do Extremo Oriente, ráfia da Espanha e tecidos de tear da América do Sul.

A estética de Ozbek tornou-se conhecida pela paleta de cores vibrantes e pelos tecidos ricos. Para ele, uma lã veneziana exuberante combinaria facilmente com um tecido ikat de tribos indonésias. Ele misturava sarongues com casacos urbanos e complementava vestidos de noite com chapéu turco. Uma coleção de Ozbek era um banquete visual, que também conseguia fazer a passagem da passarela para o guarda-roupa das mulheres reais.

Um *look* de Ozbek da coleção primavera-verão 1988. O estilista trouxe beleza étnica a uma cena de moda londrina já cansada.

ARTHUR ELGORT

Fotógrafo de moda entusiasmado

1989

A alma de uma imagem de Elgort é o instante eternizado: a espontaneidade disfarça toda a atenção meticulosa aos detalhes que implica a produção de cada foto. O primeiro emprego de Elgort (1940-) foi como porteiro do Carnegie Hall, onde ele se apaixonou pela dança. Fotografou George Balanchine e o balé da cidade de Nova York, e um dos pontos centrais de seu estilo sempre foi o apreço por movimentos desinibidos e graciosos. "Mexa-se com aquilo que você fotografa" é um dos conselhos que ele muitas vezes deu a fotógrafos aspirantes.

Enquanto trabalhava para a *Vogue* americana, Elgort aproveitou ao máximo o potencial dos orçamentos generosos de produção, viajando para locais cada vez mais exóticos e trazendo uma dimensão cinematográfica aos seus editoriais de moda. Mas sua singularidade é a capacidade de retratar a intimidade em grande escala. As mulheres tendem a relaxar perto de Elgort, e isso foi fundamental para muitas de suas imagens mais memoráveis. Ele as capturou nos bastidores, durante os intervalos, ao telefone, com bobes no cabelo, fumando, despindo-se. "Sempre considero um elogio quando uma mulher se revela em frente à câmera", escreveu ele em seu livro de 1993, *Arthur Elgort's models manual*. "Isso mostra que ela confia em mim. É o que resume uma boa imagem."

O famoso estilo "instantâneo" de Elgort transformou o cenário da moda nas décadas de 1970 e 1980, e hoje ele permanece um dos fotógrafos mais inspiradores (e imitados) em ação. "Você pode tirar uma foto ou pode fazer uma foto. Eu prefiro muito mais a última opção", disse Elgort à *Vogue* em 1989.

Linda Evangelista fotografada por Arthur Elgort em 1989. As imagens do fotógrafo são sempre dinâmicas.

JOHN GALLIANO

Visionário inglês

1989

John Galliano (1960-) formou-se na Saint Martins School of Art em 1984, auge da década hedonista em Londres. Naquela época, o campus da Saint Martins era próximo ao centro da cena noturna. Os jovens londrinos viviam para se produzir em excesso, e as noites eram um desfile liderado por personagens marcantes como Leigh Bowery e Boy George. Galliano recordou-se que "às quintas e sextas-feiras a escola ficava quase deserta. Todo mundo estava em casa trabalhando nas roupas para o fim de semana".

Era uma época para escandalizar, e Londres era o caldeirão perfeito para a rara imaginação de Galliano. Sua coleção de graduação, Les Incroyables, nasceu da exuberância da cena new romantic (p. 32) e foi conduzida por sua determinação em mudar a "arquitetura" da moda — o modo de cortar, montar e vestir. Com sua capacidade de mobilizar uma variedade caleidoscópica de influências — habilidade que definiu seu trabalho ao longo da carreira —, também procurou captar a criatividade e a inocência das crianças. Era fascinado pela forma anárquica como elas se vestiam, com as pernas pelas mangas e os braços pelas golas. "É tudo uma mistura maluca", explicou Galliano. "Tudo está fora de equilíbrio. Quebro todas as regras possíveis e vejo *looks* diferentes surgirem ao brincar com o modo que são colocados sobre o corpo — a moda nunca foi tão emocionante."

Trabalhando com Amanda Grieve, editora de moda da *Harpers & Queen*, Galliano tornou-se um sucesso da Semana de Moda de Londres, com uma sucessão de coleções criativas, maravilhosas e não comerciais. Com ideias visionárias, mas nenhum senso para os negócios, ele foi à falência, final apropriado para uma década de excessos. Mas, ao longo da década de 1990, fatos ainda mais impactantes ocorreriam em sua carreira: a passagem pela Givenchy e a chegada à Dior.

Esta ilustração de Howard Tangye mostra uma modelo com chapéu e casaco criados por Galliano. A imagem captura a silhueta exuberante desenvolvida pelo estilista no final dos anos 1980.

HERB RITTS

Beleza atlética

1989

Filho de um empresário bem-sucedido, Herb Ritts (1952-2002) cresceu em Los Angeles entre os anos 1960 e 1970. Seus vizinhos eram Steve McQueen e sua esposa, e quando criança ele entretinha o casal estrelado com espetáculos de marionete. Aos 20 anos, ele ficou amigo de uma turma de atores e músicos em ascensão, entre eles Richard Gere, Elton John e o elenco de *The rocky horror picture show*. Durante esses anos de formação, Ritts aperfeiçoou uma de suas principais habilidades — fazer pessoas famosas se sentirem à vontade. Era algo de que ele precisaria diariamente ao trabalhar para *Vogue*, *Vanity Fair* e *Rolling Stone* ao longo dos vinte anos seguintes.

No início, Ritts apenas brincava com a câmera, tendo seus amigos como tema. Ele foi atraído pelo estilo de Hurrell, Man Ray e Horst, mestres da luz e de fortes linhas clássicas. Seguiu os passos de Robert Mapplethorpe e Bruce Weber (p. 26) no fascínio pela forma humana. Mas foi a familiaridade com a paisagem da Califórnia, sua luz e suas praias, que realmente ampliou seu repertório visual e lhe permitiu criar um estilo moderno de fato. A intensidade da luz virou sua marca registrada — segundo ele, uma chave para desvendar a força de vida dinâmica no âmago do que ou quem fotograva.

Em uma década definida por artifícios superlativos, ele criou um estilo antiglamour, levando as modelos para fora do estúdio, sob a luz natural. Nessa época, nenhuma revista estava completa sem Naomi Campbell, Claudia Schiffer, Christy Turlington, Linda Evangelista ou Tatjana Patitz. Foi Ritts, sem dúvida, quem mitificou essas beldades e as elevou a um novo status — o de supermodelo. Sempre houve uma carga de sensualidade percorrendo a obra de Ritts, mas de qualidade heroica, e não trivial. Sua imagem mais famosa, de um quinteto de supermodelos nuas com as pernas entrelaçadas (1989), consegue transmitir força, elegância e atitude, em vez de só puro apelo erótico.

Tatjana Patitz fotografada por Herb Ritts, em Hollywood, 1989. Foi por meio de imagens icônicas assim que Ritts ajudou a forjar o mito da supermodelo no final da década de 1980.

JOSEPH
Essencial para a moda

1989

Joseph Ettedgui (1936-2010), filho de um comerciante de Casablanca, teve sua primeira ocupação em Londres como cabeleireiro, mas, na década de 1980, redefiniu-se no varejo de moda. Na era pós-moderna, estilistas faziam cadeiras e tecidos para decoração, e arquitetos mundialmente famosos projetavam lojas de roupas. Ettedgui foi pioneiro em vender móveis e cerâmicas ao lado de roupas e ganhou espaço de destaque no novo estilo londrino descolado.

Na esteira da desregulamentação dos mercados financeiros em 1986, a loja de Joseph na Brompton Road (projetada por Norman Foster) era a meca dos novos-ricos em busca de sofisticação. Ali, os clientes se entretinham em dois andares esplêndidos com uma curadoria meticulosamente selecionada por Ettedgui do que havia de melhor nas passarelas da moda. Nenhum estilista, em qualquer lugar do mundo, poderia se considerar bem-sucedido até ter um estoque na Joseph. No estabelecimento,o cliente podia contemplar os peças de Galliano e Gaultier, experimentar os suéteres feitos para se exibir da Joseph Tricot e munir-se de “básicos” de sua marca homônima.

Ettedgui trouxe a modernidade descolada da França para o Reino Unido. Seguindo bem a perspectiva de Andrée Putman, de que “estamos sofrendo de uma overdose de cor”, ele só usava preto no inverno e branco no verão. Ao fim da década de 1980, esse ascetismo tinha se tornado universal. Das cores que usavam às roupas que vestiam e à decoração das casas, hordas de mulheres chiques se entregaram ao apelo monocromático — usavam preto dos pés à cabeça. Essa era a única cor da moda..., e Joseph tinha o que elas precisavam.

Uma propaganda da Joseph do final dos anos 1980. Silhuetas bem definidas e o preto onipresente eram as marcas distintivas do estilo Joseph.

JOSEPH

ROMEO GIGLI

Príncipe do conto de fadas fashion

1989

Romeo Gigli (1949-), arquiteto de formação, exibiu sua primeira coleção de moda em Milão, em 1985. Duas visionárias do varejo a agarraram: Joan Burstein, da Browns, em Londres, e Joyce Ma, da butique homônima, em Hong Kong. Até o final da década, Gigli tinha mudado seus desfiles para Paris e alcançado status de astro, saudado como "quem virou o jogo na moda, o Armani dos anos 1990".

Em contraste marcante com o *power dressing* e as roupas mais naturais em relação ao corpo que dominavam as passarelas, seu estilo oferecia uma visão de individualismo romântico. Proporcionava à mulheres mais uma fantasia onírica do que um passaporte de alfaiataria para um cargo de alto escalão: projetos extasiantes em tecidos raros, uma rica paleta com as cores das especiarias indianas e muitas referências étnicas. Nas mãos de Gigli, a moda se aproximava do campo da arte.

A silhueta de Gigli consistia em decotes com gola xale, ombros estreitos sem ombreiras, corpetes envoltos em faixas e cinturas de linha império. Mangas longas e finas estendiam-se até a ponta dos dedos. Veludo sensual, organza diáfana, seda delicada e brocados ricos, em lindos tons de joias, relembravam a exuberância do Renascimento. Um desfile de Gigli era, como descreveu um crítico, repleto de "luxo digno de um potentado oriental. Tão pródigos os seus projetos, tão intrincados os seus bordados...".

Tais referências ecléticas, históricas e etéreas não soam como uma receita de sucesso no fim do século XX, mas, ainda assim, seu status foi assegurado, porque ele também conseguiu ser eminentemente moderno com essas silhuetas românticas.

A modelo veste blusa de decote ombro a ombro e saia de babados do *prêt-à-porter* de Romeo Gigli. As roupas do estilista italiano eram exuberantes e bem projetadas, combinando formas e texturas com uma vasta gama de referências culturais e conceituais.

ÍNDICE

Os números de página em *itálico* indicam fotos.

CRÉDITOS DE IMAGEM

O editor gostaria de agradecer aos seguintes colaboradores por sua permissão para reproduzir as seguintes fotos:

2 Brendan Beirne/Rex Features; 4 Dianna; 5 abaixo Ferdinando Scianna/ Magnum Photos; acima Janette Beckman/PYMCA. com 7 Alan Davidson/The Picture Library Ltd; 8 Yoram Kahana/ Rex Features; 9 Everett Collection/Rex Features; 11 Rose Hartman/ Getty Images; 13 Jean-Paul Goude; 15 Cortesia de Prada; 17 Marilylnn K. Yee/*The New York Times*/Redux/Eyevine; 19 Moviestore Collection/ Rex Features; 21 Bettmann/ Corbis; 23 Ted Polhemus/ PYMCA.com; 25 Cortesia da Vinmags; 27 Bettmann/ Corbis; 29 abaixo Contrasto/ Eyevine; acima Olycom SPA/ Rex Features; 31 Daniel Simon/Gamma-Rapho via Getty Images; 33 London Features International; 35 Denis Piel/Conde Nast Archive/Corbis; 37 Andrea Blanch/Hulton Archive/ Getty Images; 39 Jayne Fincher/ Arquivo Princesa Diana / Getty Images; 40 Thomas Iannaccone/Arquivo Condé Nast /Corbis; 41 Thomas Iannaccone/Arquivo Conde Nast /Corbis; 43 ITV/ Rex Features; 45 L.J.van Houten/ Rex Features; 47 Judy Montgomery/Cortesia da Bodymap; 48 Richard Kalvar/ Magnum Photos; 49 Pierre Vauthey/Sygma/ Corbis; 51 PA Archive/Press Association Images; 53 David Mcgough/DMI/Time Life Pictures/Getty Images; 55 Universal/Everett/Rex Features; 57 Lyn Goldsmith/ Rex Features; 59 Ebet Robert/ Redferns/Getty Images; 61 David Montgomery/Hulton Archive/ Getty Images; 63 Chris Moore/Catwalking; 65 Sharok Hatami/Rex Features; 67 Universal/ Everett/Rex Features; 69 Harry Langdon/Getty Images; 70 Lars Pehrson/ Scanpic/Press Association; 71 Jamie Morgan; 73 Glen E. Friedman; 74 Richard Young/ Rex Features; 75 Brendan Beirne/Rex Features; 76 David Montgomery/Hulton Archive/Getty Images; 77 Duncan Raban/EMPICS Entertainment; 79 Chris Moore/Catwalking; 81 Anthea Sims; 83 Richard Young/ Rex Features; 85 Everett Collection/Rex Features; 87 Ebet Roberts/Redferns/ Getty Images; 89 Nick Knight/ Trunk Archive; 91 Ian Cook/ Time & Life Pictures/Getty Images; 93 Brian Rasic/Rex Features; 95 Kobal; 97 Chris Moore/Catwalking; 99 Arthur Elgort; 101 Howard Tangye; 103 Herb Ritts/Trunk Archive; 105 Cortesia da Joseph; 107 Pierre Vauthey/Sygma/Corbis

Todos os esforços possíveis foram feitos para localizar os detentores de direitos autorais. Pedimos desculpas por qualquer omissão não intencional, garantindo que teremos o prazer de dar todo devido crédito em publicações subsequentes desta obra.

CRÉDITOS

Fifty fashion looks that changed the 1980s foi publicado originalmente em 2013 por Conran, uma divisão da Octopus Publishing Group Ltd, Endeavour House, 189 Shaftesbury Avenue, Londres WC2H 8JY.
www.octopusbooks.co.uk

Hachette UK Company
www.hachette.co.uk

Coordenação do projeto: Publifolha
Editora assistente: Fabiana Medina
Produtora gráfica: Samantha R. Monteiro
Tradução: Laura Schichvarger
Revisão: [illegible] Leila Guilherme
Revisão técnica: Mariana Rocha
Editoração eletrônica: MOS editorial

Edição original: Conran Octopus Ltd
Texto: Paula Reed
Publisher: Alison Starling
Consultoria: Deyan Sudjic
Editora sênior: Sybella Stephens
Editor: Robert Anderson
Design: Untitled
Iconografia: Anne-Marie Hoines, Sara Rumens
Produção: Caroline Alberti
Foto de capa: Jane Fonda/ Harry Langdon, Getty Images

Dados Internacionais de Catalogação na Publicação (CIP)
(Câmara Brasileira do Livro, SP, Brasil)

Reed, Paula
50 ícones que inspiraram a moda : 1980 / Paula Reed ; [tradução Laura Schichvarger]. – São Paulo : Publifolha, 2014.
(50 ícones que inspiraram a moda)

Título original: Fifty fashion looks that changed the 1980s.
ISBN 978-85-7914-520-9

1. Moda – História – Século 20 2. Moda – História – 1980-1990
I. Título. II. Série.

14-00424 CDD-746.92

Índices para catálogo sistemático:
1. Ícones que inspiraram a moda : 1980-1990 : Século 20 : História 746.92

Este livro segue as regras do Acordo Ortográfico da Língua Portuguesa (1990), em vigor desde 1º de janeiro de 2009.

Impresso na C&C Offset, China.

PUBLIFOLHA
Divisão de Publicações do Grupo Folha
Al. Barão de Limeira, 401, 6º andar
CEP 01202-900, São Paulo, SP
Tel.: (11) 3224-2186/2187/2197
www.publifolha.com.br